Miriam Heruth

Jamie

Biografie eines
Vierbeiners

ihleo verlag

**Bibliografische Information
der Deutschen Nationalbibliothek**

Die Deutsche Nationalbibliothek verzeichnet diese Publikation
in der Deutschen Nationalbibliografie; detaillierte bibliografische
Daten sind im Internet über http://dnb.d-nb.de abrufbar.

Impressum

Lektorat: Dr. Bettina Burchardt, Moos

Gesamtherstellung: ihleo verlagsbüro – Dr. Oliver Ihle,
Schlossgang 10, 25813 Husum
info@ihleo.de, www.ihleo-verlag.de

ISBN 978-3-940926-85-2

Inhalt

Vorwort

„Die wahre Liebe wird nicht aus der Vergangenheit heraus geboren.
Die wahre Liebe wird nicht aus der Zukunft heraus geboren.
Die wahre Liebe wird im Hier und Jetzt geboren."
Buddha

Ich liege auf der Gartenliege, Jamie drängt sich neben mich. Die Wärme, die sein schwarz gepunktetes Fell ausstrahlt, ist mir an diesem heißen Sommertag zu viel. Ich stehe auf und lege mich auf die Hollywoodschaukel. Jamie folgt mir wie ein Schatten. Schwupps – liegt sein Kopf wieder auf meinem Oberschenkel. Kann es denn anders sein! Ich habe einen Hund, der ständig auf Tuchfühlung zu mir geht, wie Pattex klebt er an mir. Wenn ich mich bei unseren Spaziergängen in die Wiese lege, drückt er sich eng an mich und genießt seine Streicheleinheiten. Sitze ich auf dem Sofa, quetscht er sich zwischen mich und die Sofakissen.

Hunde verfügen über eine unglaublich starke Herzenergie – selbst nach so schlimmen Erfahrungen, wie Jamie sie erleben musste, versöhnen sie sich wieder mit den Menschen und stürzen sich voller Liebe in ein neues „Abenteuer Mensch". So auch mein Jamie, der einen miserablen Start ins Leben hatte und doch in kürzester Zeit Vertrauen zu mir fasste. Was für ein Geschenk! Nicht zu glauben, dass er, als ich ihn kennenlernte, ein stumpfes Fell hatte und abgemagert war. Innerhalb kürzester Zeit verwandelte sich sein leerer, hoffnungsloser Blick in einen Ausdruck purer Lebensfreude. Wenn ich ihn beobachtete, wie er glücklich hopsend sein Plüschtier in die Luft warf, mit einem Stock wie ein Rodeopferd über die Wiese galoppierte oder in wilder Hatz mit seinen Hundefreunden über die Felder raste, dann wurde mein Herz weit. Jamies Lebensfreude war zu hundert Prozent ansteckend.

Unser Zusammenleben war nicht einfach, es gab Höhen und Tiefen. Seine chronischen Krankheiten, die wohl den schlechten Lebensbedingungen in seinen ersten eineinhalb Lebensjahren geschuldet waren, machten uns beiden zu schaffen. Viele Tierarztbesuche und viele Nächte mit wenig Schlaf waren der Preis. Und trotzdem war er in jedem einzelnen Moment für mich eine totale Bereicherung.

Soweit es in unserer Macht stand, haben wir einander gutgetan. Jamie hat durch mich eine Chance bekommen, doch noch ein hundegerechtes Leben zu leben; ich bin dankbar, „dass ich es ihm ermöglichen durfte". Doch das größere Geschenk hat Jamie mir gemacht. Bevor ich ihn traf, war ich mit meinem Leben zufrieden, es war alles in Ordnung. Doch Jamie hat es auf eine ganz neue Ebene gehoben. Ich wohne heute anders, arbeite anders, fühle anders. Dank Jamie habe ich einen wacheren Blick für mich und meine Bedürfnisse. Ich lebe weniger in der Vergangenheit und mache mir weniger Sorgen über die Zukunft. Durch Jamie erkannte ich, wie wichtig es ist, das Hier und Jetzt willkommen zu heißen.

Jamie ist nicht mehr da, und doch ist er ein unverzichtbarer Teil meines Lebens.

Prolog

Stockdunkle Nacht. Ein Zucken durchfährt mich, ich reiße die Augen auf und starre in die Finsternis. Starre auf die lehmig-kalten Wände, bis das Jucken meiner Brandwunden mich in die Wirklichkeit zurückholt. An den Stellen, an die ich mit meiner Schnauze herankomme, lecke und beiße ich, an den anderen kratze ich, um den Schmerz zu lindern. Doch all das verstärkt nur den Juckreiz. Ich gebe auf und warte. Ich weiß nicht, wie lange ich so liege – plötzlich reißen mich unerträgliche Bauchschmerzen aus meiner Lethargie. Es rumort in meinen Därmen. Ich kann unmöglich ruhig liegen bleiben. Stunde um Stunde springe ich gegen die Tür des Schuppens, in den ich gesperrt wurde, und belle mir die Seele aus dem Leib: „Kommt! Holt mich!" Erst als ich keinen einzigen Ton mehr aus meiner Kehle herauspressen kann, sinke ich wieder zu Boden. Ich kann es nicht fassen, dass keine Menschenseele auf mein flehendes Rufen reagiert.

Vor ein paar Stunden lag ich noch auf einer warmen, weichen Decke im Flur des Hauses. Ich hatte gemütlich gedöst, als mich plötzlich ein gurgelndes Geräusch weckte. Erschrocken schaute ich mich um, sah und roch aber niemanden. Dann setzte das Brennen ein, kleine hungrige Flammen züngelten durch meine Därme, bis sie zu einem Flammenmeer wurden. Ich bellte erst zaghaft, dann immer lauter. Bevor einer der schlafenden Bewohner des Hauses reagieren konnte, lag der Haufen auch schon in der Diele. Es zerrte, brannte, zwickte und zwackte in meinem Bauch unaufhörlich weiter. Lauthals bellend rannte ich zur Terrassentür und schon platschte der nächste Haufen auf den Boden.

Es war nicht das erste Mal, dass mir dieses Malheur passierte. Seit ich in diese Familie gekommen bin, leide ich unter Durchfall. Das liegt am Futter – und an der zunehmenden Angst, meinen Besitzern nichts recht zu machen. Je wütender sie werden, desto mehr krampft sich alles in mir zusammen. Jedes Mal, wenn mir etwas daneben geht, schäme ich mich und drehe meinen Kopf beschwichtigend zur Seite – ohne Erfolg. Die Bewohner des Hauses drücken meine Schnauze in meinen Kot. Widerlich – wie ich das hasse! Dann muss ich den Rest der Nacht im kalten Schuppen verbringen. Erst wenn die Sonne aufgeht, wird mir wieder warm.

Auch gestern Abend war es wieder so weit. Mit steifen Beinen stand mein Besitzer vor mir, türmte sich zu einer riesigen Gestalt auf und starrte mich mit hasserfüllten Augen an. Seine Körperhaltung und sein starrer Blick flößten mir schon genug Angst ein, aber sein Geruch ließ mich erstarren. Brüllend packte er mich am Nacken und zog mich hinter sich her. „Schon wieder muss ich wegen dir aufstehen! Es stinkt im ganzen Haus – jetzt reicht's!"

Er schleifte mich die Stufen von der Terrasse hinunter. Auf dem Weg zum Gartenschuppen warf ich meinen Kopf hin und her, hoffte zu entkommen, doch sein Griff wurde immer fester. Wie in einer Schraubzwinge gefangen wurde ich emporgezogen, meine Vorderläufe verloren den Halt, und er geiferte mir ins Ohr: „Lass das!" Mit der freien Hand öffnete er die Schuppentür, mit der anderen schleuderte er mich im hohen Bogen hinein. Dann knallte die Tür zu. Ich spürte die Erschütterungen seiner Schritte und hörte seine Gedanken: „Jetzt kann ich endlich weiterschlafen."

Nun liege ich wieder einmal hier im Verschlag. Einsam und frierend. Ich schlafe ein. Finde im Schlaf Ruhe und Vergessen, bis mich der alarmierende Geruch von Zigarettenrauch weckt. Meine Rückenhaare sträuben sich. Der Qualm, vermischt sich mit den Ausdünstungen meines Besitzers, quillt durch die Ritzen des Stalls zu mir, bis die mit Adrenalin geschwängerte Luft mir den Atem nimmt.

Ich kenne das Ritual. Auch jetzt steht mein Besitzer wieder vor der Tür des Schuppens, in Lederhose, Lederjacke und Motorradhelm – der Geruch ist eindeutig. So geschützt will er mich scharf machen. In der einen Hand eine Zigarette, in der anderen den Knüppel. Vor beidem habe ich große Angst: vor dem Knüppel, wenn er zuschlägt, und vor der Zigarette, wenn er die glühende Spitze in mein Fell drückt. Anfangs wusste ich nicht, warum er so wütend ist und zuschlägt. Irgendwann dämmerte mir, dass ich ihn angreifen und in den Stock beißen soll. Aber ich ängstigte mich davor zuzubeißen.

Vorsichtig dränge ich mich an die Wand neben der Tür. Höre, wie der Schlüssel sich knarrend im Schloss dreht, und sehe, wie die Klinke heruntergedrückt wird. Meine Beine drohen vor Angst nachzugeben. Es gibt für mich keinen Ausweg.

Die Tür öffnet sich.

1. Kapitel
Unterm Apfelbaum

Die Erinnerungen an meine ersten Lebenswochen sind von Liebe geprägt. Ständig schubste mich warmes weiches Fell, drängte mich von dem Ort ab, an dem der betörend süße Inhalt dieser säuerlich riechenden Trauben meinen Magen füllte. Unermüdlich kämpfte ich mich immer wieder vorwärts und schaffte es, einen der besten Plätze zu erobern. Kaum war ich gesättigt, fiel ich in einen tiefen Schlaf. Ich träumte von grünen Wiesen, auch wenn ich noch nie eine gesehen hatte. Wie auch! Meine Augen waren ja noch geschlossen. Doch wir Hunde haben die Bilder der Welt schon in uns, wenn wir geboren werden. Die Grashalme meiner geträumten Wiese kitzelten an meinem Bauch und ließen mich schmunzeln. Ein fremdartiges Rauschen in meinen Ohren verunsicherte mich, bis ich vor meinem inneren Auge grünschwarze Bäume im Wind tanzen sah. Ein modrig feuchter Geruch stieg mir in die Nase und schemenhaft huschten Schatten von Rehen und Kaninchen vor mir auf und ab.

In der Welt, in der ich lebte, orientierte ich mich über Gerüche und Hautkontakt und spürte, dass ich nicht alleine war. In meinen Träumen aber sah ich eine wunderbare, zu Abenteuern einladende Natur, die nur auf mich zu warten schien. Als sich nach einer langen Ewigkeit endlich meine Augenlider öffneten, hoffte ich auf die grünen Wiesen meiner Träume. Stattdessen wimmelte es von weiß-schwarz gepunkteten Fellhaufen. Ein kleines, dunkles Auge starrte mich an, an meinem Bauch kitzelte eine prustend feuchte Nase und mitten auf meinem Kopf lag eine Pfote, unmöglich auszumachen, zu wem sie gehörte. Dass ich mit so vielen mein Fressen teilen musste, überforderte mich und sofort bekam ich Hunger. Ich war immer nur dem säuerlich-süßen Geruch gefolgt, doch als ich mich jetzt umdrehte, sah ich diese satten Zitzen wie Trauben vor mir hängen und schnappte zu. Stupste gierig mit der Schnauze und trank, bis sich mein Maul zufrieden öffnete und ich zu Boden fiel. Eine weiche Zunge massierte meinen prall gefüllten Bauch, bis mich ein unkontrollierbares Gefühl überkam. Genauso schnell, wie der Haufen kam, verschwand er auch schon wieder. Noch während die weiche zarte Zunge meiner Mutter mich putzte, fiel ich in einen tiefen Schlaf.

Kaum war ich wach, packte mich die unbändige Neugier meiner Träume. Ich krabbelte über laut quiekende Fellhaufen, hatte bald all meine fressenden Mitstreiter hinter mir gelassen und saß vor einer unbezwingbaren Wand. Da draußen lag die Welt meiner Träume, und mein Wunsch, sie zu entdecken, scheiterte an den Wänden dieser Kiste. Vom Hunger getrieben, robbte ich zurück und drängte eines meiner Geschwister von der Zitze ab, die am meisten Milch abgab. Schließlich musste ich groß und stark werden für diese wunderbare Welt jenseits der Kiste.

Wenn ich ausgeruht und satt war, versuchte ich mit meinen Vorderläufen den oberen Rand der Kiste zu erreichen. Immer wieder rutschte ich ab, fiel auf den Boden, schüttelte mich und versuchte es von neuem. Irgendwann fanden meine Krallen den nötigen Halt und mit einem letzten ächzenden Laut hatte ich es geschafft. Kaum sah ich den Boden auf der anderen Seite unter mir, blieb ich mit dem Bauch am Rand hängen, ruderte mit allen Vieren, verlor das Gleichgewicht und plumpste kopfüber auf den Boden.

Au, tat das weh! Benommen schüttelte ich mich, öffnete die Augen – geschafft! Jetzt konnte mich nichts mehr aufhalten. Immer wieder knickten meine Läufe ein, auf dem Bauch robbend ließ ich mich von den Gerüchen vorwärtstreiben, bis mir zwei riesige nackte Pfoten den Weg versperrten. Der Geruch kam mir bekannt vor, ich krallte mich an ihnen fest, ein kurzes „Au!" und schon baumelte ich in den Armen einer Riesin. Wärmende Hände hielten mich, Hände, die ich am Geruch erkannte, die mich wochenlang liebkost hatten. Ich schmiegte mich an die weiche Brust meiner Züchterin und vergaß augenblicklich den Schrecken der Höhe. Ihre Wärme nährte mich und mit ihr sah ich in eine unbeschwerte, verheißungsvolle Zukunft.

Eines Mittags öffnete sich endlich die Tür in die Freiheit. An meinen Geschwistern vorbeidrängend stand ich als Erster auf dem Treppenabsatz, meisterte die eine, dann die zweite Stufe, lief die Steinplatten entlang, die sich rau unter meinen Pfoten anfühlten, bis ein Zaun mich aufhielt. Durch seine Ritzen blickend, erkannte ich das Bild meiner Träume. Meine Mutter, eine große, stattliche Dalmatinerhündin, stupste mit ihrer Schnauze das Tor auf. Ich preschte vor, ein kurzes Knurren, und ich hielt sofort inne. Sie war der Kopf des Rudels. Nur mit äußerster Beherrschung schaffte ich es, sie nicht zu überholen, und hinter mir stapfte der Rest der kleinen Hundeschar. Kaum stand ich auf der Wiese, die sich weich und warm unter meinen Pfoten anfühlte, zogen mich die Baumreihen in ihren Bann – das musste der Wald sein. Von ihm ging eine magische Anziehung aus, die durch den mir entgegenwehenden Wildgeruch noch verstärkt wurde. Eine noch nie gefühlte Sehnsucht überfiel mich, doch für mich, mit meinen kurzen Läufen, war der Wald in unerreichbarer Ferne. Eines Tages, wenn ich größer bin, würde ich den Wald erkunden, und dann müssten sich seine Bewohner vor mir in Acht nehmen.

Vorerst begnügte ich mich mit dem, was vor meiner Schnauze lag, und sprang auf der Wiese mitten in einen Haufen wilder, glücklich tollender und kämpfender kleiner Hunde. Wie ich es in meinem Traum vorausgesehen hatte, kitzelten die Grashalme meinen Bauch, und meine Pfoten versanken in der weichen Erde. Meine Nase schnupperte unaufhörlich den Geruch von süßlich duftenden Blumen, von Gras und lehmiger Erde. Ich hatte das Gefühl, schon immer in dieser Natur gelebt zu haben. Ich lauschte dem steten Brummen von Bienen und Hummeln, dem Zwitschern eines Vogels, aber der Schrei eines Habichts ließ mich zusammenzucken. Mein Blick folgte ihm, bis er hinter den Baumwipfeln verschwand.

Ich drehte mich zu meinen Geschwistern um, und da stand sie, meine Ablenkung: weiß mit schwarzen Punkten, vier Pfoten und eine schwarze Schnauze. Es war einer meiner Brüder. Er starrte mich an, ich fixierte ihn, stemmte meine Hinterläufe in den Boden und glitt haarscharf an ihm vorbei, drehte mich blitzschnell in der Luft herum – Attacke! –, ein lautes Quietschen und dann kam unsere Mutter angetrottet. Ihre riesigen Zähne blitzten funkelnd vor mir auf und meine kleine Schnauze verschwand in ihrem großen Maul. Das war nicht das erste Mal, dass sie mich auf diese liebevolle, aber nachdrückliche Weise maßregelte. Wenn ich in ihre Läufe biss, meine Krallen in ihr Fell grub und mich hochzog, meine kleinen Piranhazähne in ihren Ohrlappen versenkte – spätestens dann schnappte sie zu. Manchmal wirbelte ich mit meinen Geschwistern als Fellkugel über den Boden, bis wir schreiend auseinanderstoben, um im gleichen Moment wieder übereinander herzufallen. Wir zwickten und zwackten uns, bis der ganze Raum sich mit unseren quiekenden Geräuschen füllte. Wenn ihre Schnauze in den Hundeknäuel schnappte, erwischte sie immer denjenigen von uns, der die Rauferei angefangen hatte.

Ich war glücklich. Das Leben lag vor mir, es roch nach einer Mischung aus Freude, Anspannung, Erwartung und Neugierde, ein süßer und zugleich luftig-blumiger Duft. Ich war bereit für die Welt meiner Abenteuer.

***

Doch es kam alles anders. Wieder einmal liege ich eng an den dicken Stamm des Apfelbaumes geschmiegt, der mitten im Garten steht. Ich erwache durch ein quietschendes Geräusch. Die Terrassentür öffnet sich und mein Besitzer setzt sich auf einen der vorderen Plastikstühle. In der einen Hand hält er eine Flasche, in der anderen diesen Glimmstängel, vor dem ich mich in Acht nehmen muss. Die Terrasse ist etwas erhöht, seitlich über einige Stufen gibt es einen Zugang zum Garten. Wenn er oben sitzen bleibt, bin ich im Garten sicher.

Er schaut mich an, riecht aber weder bitter noch scharf, nur ein wenig säuerlich. So riecht er, wenn er nachdenkt. Meine Fähigkeit, seine Gedanken zu lesen, ist bei mir inzwischen so stark ausgeprägt wie mein Geruchssinn. Ich muss mich nicht sonderlich konzentrieren, sie fließen in mein Bewusstsein, und ich habe eher Mühe, diesen Gedankenfluss abzustellen – ich kann ihn wortwörtlich denken hören. Für uns Hunde ist dieses Aufschnappen von Gedanken überlebenswichtig. Vor tausenden Generationen streiften wir Hunde gemeinsam durch die Wälder. Entdeckte einer ein Reh, dann tauchte dieses Reh sofort auch in allen anderen Hundeköpfen auf. Dieser Gedankenaustausch war nötig, um bei der Jagd als Einheit arbeiten zu können. Als wir uns dem Menschen anschlossen, lernten wir, auch ihre Gedanken zu lesen. Daran, dass die Menschen erstaunlich schlecht darin sind, die Gedanken der Hunde zu lesen, haben wir uns gewöhnt.

Ich lasse den Mann auf der Terrasse nicht aus den Augen. Ich sehe, was er denkt und in mir flammt eine Mischung aus Angst und Vorsicht auf.

Warum haben wir uns nur dieses Vieh angeschafft? Ständig zerfetzt der Klopapierrollen, reißt die Jacken von der Garderobe – scheißt ins Haus und ich muss es wegwischen. Dauernd das Geschrei von Britta: „Sorg endlich dafür, dass der Hund stubenrein wird!“ Und dann dieser blöde Name, den die Züchterin ihm gegeben hat: Amor vom Reckersbühl. Ich hätte ihn umbenennen sollen. Amor – die Liebe zwischen Britta und mir hat der gottverdammte Köter jedenfalls nicht wiedergebracht.

Klopapierrollen und Jacken ignoriere ich längst, und durch die Wohnung galoppiere ich schon lange nicht mehr, dazu habe ich mittlerweile viel zu viel Angst. Die einzige Freude in meinem Leben sind die beiden Kinder, die mich bei meiner Züchterin ausgesucht haben: Dirk und Lenny.

Die beiden verlassen jeden Morgen mit einer großen Tasche auf dem Rücken das Haus und kommen erst mittags nach Hause. Als Erster kommt Lenny. Wenn es surrt, renne ich zur Tür. Durch die Türritze rieche ich ihn schon, ich rase zurück, springe auf meine Decke im Flur, schnappe mir mein Plüschtier, wirble herum und pralle gegen seine Beine. Die Schultasche fällt zu Boden, er kniet sich zu mir, packt den Plüschaffen am Bein, zieht ihn nach rechts und nach links, aber meine kleinen, spitzen Zähne halten ihn fest umschlossen, heute gewinne ich. Ich schüttle meinen Kopf hin und her, gehe ein paar Schritte rückwärts, bis ich ein kurzes „ratsch" höre, gefolgt von einer schrillen Stimme, die aus der Küche kommt: „Wehe, ihr macht das Plüschtier kaputt!"

Der Affe fällt zu Boden. Lenny duckt sich, das sieht nach einer Beschwichtigungsgeste aus, er kriecht fast in die Küche. Da höre ich auch schon den Schlag und Lennys Wimmern. Ich packe den Affen samt seinem abgerissenen Bein und verziehe mich in meine Ecke, in der Hoffnung, dass Dirk gleich heimkommt. Dann könnte er im Garten den Ball hin- und herschießen. Doch jetzt kommt die Mutter wütend aus der Küche, den Rest des Tages muss ich im Garten verbringen.

***

Im Schatten der ausladenden Krone des Apfelbaums schlafe ich ein. Und sehe vor meinem inneren Auge

Dirk und Lenny auftauchen. Dirk hält einen Stock in der Hand. Meine Muskeln bis zum Bersten gespannt, springe ich in die Höhe, kaum habe ich den Stock erreicht, wirft er ihn in hohem Bogen in die Luft. Ich sprinte hinterher, packe zu und hopse wie ein Rodeopferd mit meiner Trophäe im Garten auf und ab, schlage Haken und schreiend rennen die Kinder hinter mir her, holen mich ein, zerren an meinem Stock, aber ich gebe nicht nach, bis ich plötzlich den Boden unter den Füßen verliere. Dirk und Lenny heben mich – einer links, einer rechts – mit dem Stock in meinem Maul in die Höhe. Als ich loslasse, stolpern sie nach vorne, kugeln lachend durchs Gras, bis sie nach Luft schnappend auf dem Rücken liegen bleiben. Ich strecke die Vorderpfoten nach vorne, rolle auf den Rücken und lande an Lennys struppigem Haarschopf, der wie Gras an meinem Bauch kitzelt. Während er meinen Brustkorb streichelt, hält er mit der anderen Hand den Ball fest. Dirk krault meinen Nacken und ich genieße das Zärtlichsein, bis beide wieder aufspringen und sich den Ball zuschießen. Das Spiel hat wieder begonnen! Ich rase zu Dirk, dann zu Lenny, verfehle nur knapp den Ball, als dieser schrille Ton ertönt: „Rein mit euch, verwöhnt den Hund nicht!“ Der Schrei reißt mich aus meinem Traum und als ich die Augen öffne, liege ich immer noch am Stamm des Apfelbaums. Von Dirk und Lenny keine Spur.

So wie in meinen Träumen sollte mein Leben sein. Mit den Kindern spielen, als Teil der Familie mit den Menschen Abenteuer bestehen und sie beschützen dürfen. Aber ich komme so gut wie nie aus diesem Garten heraus. Mein Leben ist davon bestimmt, mich möglichst unsichtbar zu machen.

Zögernd schleiche ich die Terrasse hinauf, vor der Tür bleibe ich stehen und schnuppere; im Wohnzimmer ist die Frau nicht. Ganz vorsichtig betrete ich den Raum. Auch im Flur kein Geruch von ihr und schon liege ich auf meiner Decke, hier ist es angenehm kühl. Dirk und Lenny sind in ihren Zimmern, durch ihre Türritzen rieche ich diesen schalen, abgestanden Langeweilegeruch, der mir vertraut ist, seit ich in diese Familie gekommen bin.

Ich wittere nach dem Geruch der Frau, denn ihr muss ich aus dem Weg gehen. Sobald sie wütend wird, dünstet sie einen säuerlich scharfen Geruch aus, der ohnehin schon in allen Wänden hängt, und die Tage, an denen sie Gegenstände nach mir wirft, häufen sich. Manchmal, weil ich etwas anknabbere, was meine neue Besitzerin für wertvoll hält, und immer öfter einfach nur, weil ihr der Sinn danach steht. Auch kann sich von einer Sekunde auf die andere ihre Stimmung ändern. Dieses Verhalten verunsichert mich. Auch wenn ich als Hund ein Meister im Beobachten bin, ihre Körperhaltung studiere, um sie einzuschätzen, ihren Geruch und ihre Gedanken wahrnehme, bleiben ihre Reaktionen für mich unberechenbar. Ich gebe mir ja Mühe, aber ich verstehe einfach nicht, was sie von mir erwartet! Auch vor meinem Besitzer habe ich Angst. Ich habe mir angewöhnt, das Wohnzimmer nur noch in seiner Abwesenheit zu betreten. Wenn er heimkommt und nach mir ruft, rühre ich mich nicht.

Ahh! Ich habe freie Bahn, die Frau ist nicht in der Nähe. Ich schleiche mich in die Küche. Unter der Eckbank habe ich mein Versteck gefunden, hier verbringe ich die meiste Zeit meines Lebens. Und träume immer den gleichen Traum: Ich liege in einem warmen, weichen, aber begrenzten Raum. Atme den Duft von Vanille, Kakao und Orangenöl ein. Ein Geruch, der Geborgenheit verströmt.

Als Welpe habe ich von der Wiese geträumt, und sie war da. Deshalb bin ich mir sicher, dass auch dieser kleine Raum, in dem ich mich sicher fühlen darf, existiert. Irgendwo da draußen. Ich muss ihn nur finden.

***

Eines Tages schnappe ich einen Satz auf: „Wenn der Köter Nachwuchs zeugen würde, dann wäre er wenigstens zu etwas nütze und die Kosten wären wieder drin."

Was für Kosten? Ich kann nicht viel kosten, ich bekomme doch kaum etwas zu fressen. Aber dieser eine Satz weckt in mir eine unbändige Neugier. Wochenlang träume ich von einer Hündin. Sie hat sandfarbenes Fell, die Farbe der Steppe. Wie in einem Märchen aus tausendundeiner Nacht strahlt sie mich mit ihren dunklen Augen an. Doch als mein Besitzer seine Idee, mich Nachwuchs zeugen zu lassen, in die Tat umsetzt, treffe ich auf eine Dalmatinerhündin, die in keinster Weise meinem Traum gleicht. Sie ist eingebildet und zickig, schaut mich missbilligend an und denkt: „Geh weg, du stinkst!"

„Blöde Ziege", schießt mir durch den Kopf, doch gleichzeitig raubt mir ihr betörender Duft die Sinne. Ich mache mich größer, als ich tatsächlich bin, und stolziere an ihr vorbei. Aber ich ahne schon, dass ich bei der Hündin wohl kein Glück haben werde, sie kann mich nicht riechen. Da entdecke ich eine kleine Schlammpfütze. Die kommt wie gerufen! Ich wälze mich auf den Rücken, kippe langsam auf den Bauch und robbe hindurch. Als ich sicher bin, dass mein Fell bis in die kleinste Haarritze mit Schlamm bedeckt ist, schreite ich wieder an ihr vorbei. Jetzt ist mein eigener Geruch von dem des Schlamms überdeckt. Mit meinem neuen Outfit erweiche ich ihr Herz. Sie dreht sich um, zeigt kokett ihr Hinterteil und denkt: „Jetzt riechst du bezaubernd."

Super, das lass ich mir kein zweites Mal sagen. Beim ersten Aufreiten rutsche ich ab. Auffordernd dreht sie sich um, leckt meine Lefze, verbeugt sich kurz, reckt ihr Hinterteil in die Höhe und stellt ihre Rute zur Seite, die Einladung ist deutlich. Eine halbe Stunde hängen wir zusammen. Ich fühle mich wie ein König.

Kaum liege ich wieder auf der Rückbank des Autos, werden meine Augenlider ganz schwer. Noch nie hat mein Besitzer so freudig gerochen. Ich hoffe auf einen randvollen Napf. Kurze Zeit später stehe ich total erledigt in der Küche und starre meinen Napf an – ich hatte mir mehr erhofft. Sekunden später habe ich alles verputzt, und dann kommen die kleinen Kugeln, die über den Napfrand auf den Boden gefallen sind, dran. Ein schöner Tag, einer der schönsten, die ich in diesem Haus je erlebt habe. Mit letzter Kraft schleppe ich mich zu meiner Decke im Flur und schlafe ein.

***

Es ist Sommer. Wenn ich wieder mal im Garten schlafen muss, wecken mich morgens die ersten Sonnenstrahlen. Ich strecke dann meine Vorderpfoten, recke mein Hinterteil empor, ziehe mich langsam so weit nach vorne, bis meine Hinterläufe gestreckt sind und die Steifheit aus meinen Gliedern weicht. Im Kreis laufe ich um den

Apfelbaum herum, will meine Rute fangen, in ihr Ende beißen, aber sie ist wie vom Erdboden verschluckt. Dieser alte, knorrige Baum ist einfach zu dick. Ich schrubbe meinem Rücken an seiner borkigen Rinde, hebe ein Bein zur Seite, damit ich auch an den unteren Teil meines Rückens herankomme, da wo es so juckt. Tut das gut! Schnell noch den Nacken schrubben und – plumps – liege ich am Stamm. Der Apfelbaum gibt mir Kraft. Er tröstet mich, wenn ich mich an ihn lehne. Es ist, als ob er seine Energie auf mich überträgt, mir Mut zuspricht, zu einem Freund wird – meinem einzigen Freund.

Ich leide immer noch unter den Verdauungsproblemen. Mit dem Gefühl, Abflussreiniger getrunken zu haben, husche ich ständig hinter die Hecken. Da niemand auf meine Not achtet, gibt es abends wie immer Trockenfutter. Dabei bekommt mir das doch gar nicht! Weil ich immer Hunger habe, bleibt mir nichts anderes übrig, als die Brocken in Windeseile bis zum letzten Krümel einzusaugen. Dann liege ich zufrieden auf meiner Decke im Flur, bis mich plötzlich wieder dieses gurgelnde Geräusch weckt und eine neue Runde losgeht: Ich belle … Die Menschen reagieren erst dann, wenn es zu spät ist … Geschrei und Schläge … Rauswurf in den Garten oder den Schuppen … wieder Schläge und Misshandlungen …

Das ist ein schlimmes Leben für mich. Als Hund bin ich eines der sozialsten Lebewesen, in der Gemeinschaft finde ich Halt und Sicherheit. Das Glück, in einem Hunderudel zu leben, erfahren nur wenige von uns. Doch sind wir in der Lage, diese Gemeinschaft auch mit unseren Menschen einzugehen. Wenn jemand krank ist, besitzen wir so viel Empathie, dass wir uns um ihn sorgen und nicht von seiner Seite weichen. Wird jemand vermisst, sind wir in der Lage, ihn zu finden. Aber zum Kitten zerrütteter Familienverhältnisse sind wir einfach nicht bestimmt. Jede Ungerechtigkeit und Gewalt, die uns widerfährt, lässt uns nur noch mehr verzweifeln und das Vertrauen zu unseren Menschen verlieren.

Es ist nicht nur die Gemeinschaft mit Menschen, die mir bitter fehlt. Nur im Kontakt zu anderen Hunden kann ich meine Körpersprache verfeinern. Wenn ich mich im Spiel mit ihnen austausche, lerne ich, Missverständnissen aus dem Weg zu gehen. Schließlich will ja kein Hund bei einem Gerangel den anderen ernsthaft verletzen. Ich muss auch herumstreunen, rennen und schnuppern, eine Welt von Gerüchen erleben dürfen. All dies vermisse ich sehr.

Der alte Vertrag zwischen Mensch und Hund, der durch Generationen weitergetragen wurde, ist geprägt von Respekt, Akzeptanz und Wertschätzung. Wir unterstützten uns gegenseitig in unserem Handeln. Doch hier in der Hölle, in die ich geraten bin, hängen dicke, undurchsichtige Nebelschwaden wie Schleier über dem alten Bündnis. Ich fühle mich, wie in einem klebrigen Spinnennetz gefangen. Der Vertrag hat seine Wirksamkeit verloren.

Mittlerweile befinde ich mich in einem jämmerlichen Zustand. All meine übersprudelnde Lebensfreude ist Mutlosigkeit, Angst und Verzweiflung gewichen. Und ausgerechnet jetzt, wo mein Lebensmut auf den Nullpunkt gesunken ist, entdeckt mein Besitzer ein neues Spiel: Er will mich scharf machen, um mich besser zu beherrschen – denkt er.

***

Gekleidet in schwarze Lederkluft und Motorradhelm, steht er vor mir. Das Visier verdeckt seine Augen, aber ich weiß, er starrt mich an. Er hält einen Knüppel in der Hand, spurtet auf mich zu und fuchtelt wild mit dem Knüppel vor meiner Schnauze hin und her. Spinnt der jetzt komplett!? Er riecht immer wütender und schreit: „Mach schon du scheiß Köter! Greif mich an!" Ich springe zur Seite, laufe rückwärts. Nutze sein kurzes Zögern und renne hinter die Hecken. Wutschnaubend folgt er mir durch die schmale Gasse zwischen Zaun und Hecke, stolpert und fällt der Länge nach hin. Ich krieche unter der Hecke hindurch und da steht er plötzlich vor mir. Ich kauere mich auf die Wiese, mache mich ganz klein, in der Hoffnung, er versteht die Geste meiner Beschwichtigung. Warte auf den Schlag des Stocks, auf den Schmerz der unweigerlich kommt, aber nichts geschieht. Langsam öffne ich die Augen. Durch das Rauschen in meinen Ohren habe ich Dirk nicht kommen hören. Er umklammert das Bein seines Vaters. Braver Junge! Wie eine lästige Fliege schleudert der Vater ihn auf die Wiese und geht wutschnaubend ins Haus zurück. Einem inneren Impuls folgend spannen sich meine Muskeln zum Sprung. Meine Augen fixieren den Spalt zwischen Helm und Kragen. Ich grabe meine Hinterläufe in den Boden und setze an … Doch Dirks Stimme hält mich in letzter Sekunde zurück: „Lass ihn, er bringt dich um."

***

Spätherbst. Draußen ist es empfindlich kalt geworden. An diesem Abend darf ich zum ersten Mal seit Langem wieder im Haus schlafen. Das habe ich bestimmt Dirk und Lenny zu verdanken. Ich bin unruhig, finde nur schwer in den Schlaf. Als ich erwache, liege ich in säuerlich stinkendem Erbrochenem. Wieder einmal gluckst und gurgelt es in mir, alles ist außer Kontrolle geraten. Als ich Dirk und Lenny wie aus einer fernen Nebelwand schreien höre: „Papa, der Hund ist krank!“, liege ich in meinen Exkrementen auf der Decke im Flur. Ich bin zu schwach, um mich wehren zu können, als mich dieser Kerl durchs Wohnzimmer auf die Terrasse und die Treppen zum Garten hinunterzieht. Dort spritzt er mich mit dem Gartenschlauch ab. Wie paralysiert stehe ich mitten auf der Wiese, fröstle, sträube meinen Kamm und lasse doch alles über mich ergehen. Als er zurück ins Haus geht, stehe ich immer noch wie angewurzelt da und kann keinen klaren Gedanken fassen.

Plötzlich sitze ich auf dem Rücksitz seines Wagens. Erschöpft lege ich mich auf das Polster. Kann der nicht langsamer fahren? Mit jeder Kurve stoße ich auf, und als die Hintertür des Wagens sich endlich öffnet, spucke ich im hohen Bogen und verfehle nur knapp seine Schuhe.

Der Raum, in den er mich zieht, stinkt nach Angstausdünstungen. Meine eigenen reichen mir, doch bevor ich auch nur an Flucht denken kann, fällt die Tür hinter mir ins Schloss. Ein Mann in einem weißen Kittel, mit riesig großen Händen hält mich fest, betastet meinen Bauch, versenkt einen Gegenstand in meinem Po und sticht mir in mein Bein, bis Blut fließt. Und ich, ich stehe zitternd auf dem Metalltisch. Gott sei Dank, sieht mich kein Artgenosse in diesem erbärmlichen Zustand.

Die Pillen, die ich bekomme, helfen eine Zeit lang. Doch dann gewinnen die Feuerwerkskörper in meinem Bauch wieder die Oberhand. Mit jedem Tierarztbesuch verkürzt sich die Zeitspanne, bis der Durchfall wieder einsetzt. Mittlerweile lebe ich ausschließlich im Garten oder im Stall. Wenn ich gegen die Schuppentür springe, kommt mein Besitzer, bindet mir einen Strick um meinen Hals und wickelt das Ende um den Apfelbaum. Manchmal vertreibt das funkelnde Glitzern des Sternenhimmels die Dunkelheit in mir, und eine uralte Verbundenheit mit der Natur lässt mich in den Schlaf sinken. Doch meistens ist es einfach nur kalt.

Draußen angebunden kann ich nicht unter die hohen Hecken flüchten. Wenn es regnet, ist mein Fell in Sekunden bis auf die Haut durchtränkt. Ständig schmerzen mir beide Ohren, das grüne Rinnsal, das aus ihnen herausfließt, riecht ekelerregend. Wenn ein Sturm heult und peitscht, versetzt mich das in Angst und Schrecken. Als eines Nachts ein großer Ast direkt neben mir auf den Boden knallt, springe ich zur Seite, durch den Strick um meinen Hals zurückgeschleudert, liege ich nach Luft ringend auf dem aufgeweichten, schlammigen Boden.

Das Schlimmste aber ist die nächtliche Kälte, die ungehindert in meine Knochen und Eingeweide kriecht. Egal, ob ich auf dem lehmigen Stallboden oder unter dem Apfelbaum liege, die Kälte siegt immer. Und eine Angst, wie ein tiefes, inneres Wissen, das ich nicht verstehe, gräbt sich langsam in mein Inneres. Ich habe nur noch einen einzigen Gedanken: den Gedanken an Freiheit. Wenn ich mal frei im Garten laufen darf, buddel ich am Holzzaun. Ich stoße auf einen Steinsockel, doch ich grabe weiter. Erst als meine Krallen bluten, gebe ich auf. Immer mehr verfalle ich in einen Dämmerschlaf, in dem ich in den Raum meiner Träume flüchte. Hier liege ich, warm, weich und geborgen, in einem Geruch von Liebe. Ein Traum, der mich durchhalten lässt und zugleich neugierig macht. Wem gehört dieser Raum?

***

Früh am Morgen klingelt es und wieder einmal stehen Männer vom Ordnungsamt vor der Tür. Seit Monaten beschweren sich die Nachbarn über mein Gebell. Jedes Mal sagen sie, ich sei zu dünn. Die Brandwunden in meinem Fell sehen sie nicht, denn mein Besitzer hat sie mit weißer Farbe übermalt. Die Männer in Uniform lassen mich immer zurück, obwohl ich ihnen unablässig ein Bild nach dem anderen sende, wie miserabel ich hier behandelt werde. Sie verschlimmern meine Situation nur noch: Sobald die Ordnungsmänner wieder gegangen sind, steigert sich mein Besitzer in eine Wut hinein, die er an mir auslässt.

Nach der letzten unliebsamen Begegnung mit dem Ordnungsamt treffe ich meinen Besitzer in Gedanken versunken auf der Terrasse an. „Hübsch ist er ja“, höre ich ihn denken. „Da lässt sich schon jemand finden. Ich stelle ihn ins Internet, dann sind wir die Töle los.“

Was ich aufschnappe, hört sich großartig an. Er will mich loswerden – fantastisch! Eine seiner besten Ideen, seitdem ich ihn kenne (außer die mit dem Nachwuchszeugen, das war super).

***

Zitternd liege ich unter dem Apfelbaum, in einem Meer von Blüten. Durch das Zittern wird mir ein wenig wärmer. Ich bin weder wach, noch schlafe ich, kann keinen klaren Gedanken fassen. Da reißt mich ein kurzes, lautes Scheppern aus meiner Apathie. Sind das Türen eines Wagens? Besuch? Ich schleppe mich zum Zaun, bleibe vor dem kleinen Loch stehen und starre auf die Straße. Eine Frau steigt aus und geht auf unsere Haustür zu. Meine Ohren vernehmen ein lautes „Surr." Konnte das möglich sein? Wirklich …?

Sie riecht gut. Durch die Lücke erhasche ich einen kurzen Blick in ihre Augen, sie strahlen etwas Liebevolles aus. Warum dauert das nur so lange? Das Auto steht noch vor der Tür. Es gibt keine Möglichkeit, ins Wohnzimmer zu schauen, ich werde von Minute zu Minute nervöser, und dann öffnet sich endlich die Terrassentür und vor mir steht diese Frau. Sie hat eine Hundeleine in ihrer Hand, kommt näher und will mir das eine Ende um den Hals legen. Ist die verrückt ...? Ich kann nicht mehr klar denken. Eigentlich fühlt sie sich gut an, aber plötzlich steigt eine unbändige Angst vor dem Strick in mir hoch. Ich renne weg, verstecke mich hinter den Hecken. Sie folgt mir, und kurz bevor sie mich erreicht, schlüpfe ich unter ihnen hindurch. Sie bleibt ruhig, setzt sich auf die Wiese und wartet. Als Dirk und Lenny sich neben sie setzen, komme ich näher. Dirk nimmt ihr das Halsband aus der Hand und legt es mir um den Nacken. Tränen kullern über seine Wangen, ich lecke über sein salziges Gesicht, und mit einem kurzen Klick hänge ich an dem Strick. Er steht auf und läuft mit mir zum Wagen. Wenn er nur nicht so traurig riechen würde! Ich zögere, da zieht mir der Geruch von Vanille, Kakao und Orangenöl in die Nase. Schnell springe ich in den Kofferraum meiner Träume. Erschöpft lege ich mich auf die warmen weichen Decken. Durch die Heckscheibe sehe ich noch Dirk und Lenny winken, sie werden immer kleiner.

Vielleicht hat mein Leiden nun ein Ende, vielleicht fängt mein Leben nun erst richtig an. Ich weiß es nicht. Ich weiß nur, dass es nicht mehr schlimmer werden kann.

***

Esther: Ich will dich Jamie nennen. Mit dem neuen Namen soll auch dein neues Leben beginnen. Jamie – gefällt dir der Name?

Jamie: Egal, Hauptsache ein anderer Name als der, der mir so viel Unglück gebracht hat.

Esther: Du sollst es ab heute guthaben.

Jamie: Weißt du, dass ich schon oft von diesem Kofferraum geträumt habe? Wenn ich vor Angst und Kälte zitterte, dann half mir der Gedanke an diesen Raum hier, in dem ich mich geborgen fühle. Er gab mir Kraft und Zuversicht und den Mut, durchzuhalten. Selbst die Kälte in mir vertrieb er eine Zeit lang. So hielt er mich letztendlich am Leben.

Esther: Jetzt ist mir klar, warum du so schnell ins Auto gesprungen bist! Ich hatte mich schon gewundert … Es ist merkwürdig, auch ich kenne dich schon seit Langem, obwohl wir uns gerade zum ersten Mal begegnet sind. Ich habe dich schon neben mir sitzen sehen, da warst du gerade erst geboren. Aber das erzähle ich dir ein anderes Mal.

Jamie: Und warum hat das so lange gedauert, bis du mich gefunden hast?

Esther: Wo hätte ich dich denn suchen sollen?

Jamie: Wie wäre es denn mal mit Zuhören gewesen? Wir stehen doch seit Anfang an in Verbindung; ich hätte dir postwendend ein Bild geschickt.

Esther: Hätte ich das denn lesen können? Ich bin nicht so geübt im Umgang mit Hunden. Ich will ja noch ganz viel von dir lernen. Und vielleicht war ja die Zeit noch nicht reif – wer weiß? Ich weiß nur, dass ich mir letzten Samstag spontan ein Auto gekauft habe, in das auch ein großer Hund hineinpasst. Und gleich am folgenden Montag erzählte mir eine meiner Patientinnen von dir. Sie ist nämlich deine Züchterin und sie war ganz verzweifelt, weil sie dich in die falschen Hände abgegeben hatte. Sie fragte mich, ob nicht ich dich nehmen könne. Und exakt zur selben Zeit ist dein alter Besitzer bereit, dich gehen zu lassen. Ist das alles nicht wie ein Wunder? Und nun liegst du hier in meinem Wagen. Noch Fragen?

Jamie: Ich bin jetzt eineinhalb Jahre alt. Und die meiste Zeit meines Lebens musste ich die Hölle durchlaufen. Fast wäre ich daran zugrunde gegangen. Das habe ich nicht verdient. Kein Lebewesen hat so etwas verdient. Jetzt will ich leben und meine Träume verwirklichen. Umwege kann ich mir nicht mehr leisten.

Esther: Da bleibt uns beiden wohl nichts anderes übrig, als uns zusammenzuraufen, stimmt's? Es scheint ja Bestimmung zu sein, dass wir von nun an gemeinsam durchs Leben gehen. Wie sieht's aus? Sollen wir es miteinander versuchen?

Ich bekomme keine Antwort mehr von dem Hund, der hinten im Kofferraum auf den weichen Decken liegt. Er ist eingeschlafen.

2. Kapitel
Der verlorene Autoschlüssel

Unglaublich, wie sich die Ereignisse in der letzten Woche überschlagen haben! Ich schaue über den Bettrand hinweg in schwarz-braune Hundeaugen. Fast ein bisschen unheimlich, wie sie den Boden meiner Seele betrachten. Jamie, den Namen habe ich ausgesucht, weil er sanft und leicht klingt. Er liegt in seinem Korb neben meinem Bett in der Sonne und blinzelt mir zu.

Ich drehe mich auf den Rücken, schaue auf den pink-orangefarbenen Gleitschirm, den ich über meinem Bett aufgehängt habe. Was wird nun aus meinen Urlaubsreisen, aus den faszinierenden Begegnungen mit wildlebenden Delfinen, dem brasilianischen Dschungel? Und was wird aus Jochen? Soll ich ihn anrufen? – NEIN. Jochen hatte sich schon immer einen Hund gewünscht. Aber ich war strikt dagegen gewesen. Wie soll ich ihm erklären, dass ich mir praktisch über Nacht einen Hund aufgehalst habe? Obwohl – „praktisch über Nacht“ stimmt gar nicht. Ich drehe mich auf die Seite und betrachte, wie sich Jamies Brustkorb hebt und senkt. Er liegt dort, als hätte er das schon immer getan.

Vor eineinhalb Jahren, es muss die Zeit gewesen sein, in der Jamie geboren wurde, besuchte ich mit einer Kollegin eine Fortbildung im Arthur Findlay College bei London, um meine Wahrnehmung als Osteopathin zu schulen. Uns Teilnehmer einte die Neugier, Dinge, die wir nicht sehen, nicht erfassen können, trotzdem wahrzunehmen. Denn da ist eine Welt, die parallel zu unserer bewussten Welt existiert. Wir alle verfügen über eine intuitive Wahrnehmung (manche nennen es auch Bauchgefühl), welche uns in Kontakt zu anderen Lebewesen bringt, uns aber auch vor Gefahren und falschem Handeln warnt – vorausgesetzt, wir hören zu und finden Zugang zu unserem Bauchgefühl. Mit ein wenig Training hat jeder Mensch die Fähigkeit, dieses Unbewusste in sein Bewusstsein zu holen.

Und hier in England schlich sich ohne Vorwarnung ein Hund in mein Leben. Plötzlich, von einem Moment auf den anderen, saß ein Hund neben mir in dem Schulungsraum. Das war nicht etwa so eine kleine Träumerei, so in der Art: „Ach, das wär' irgendwie nett, wenn ich einen Hund hier neben mir hätte ..." Der Hund schien ganz real zu sein, es war so, als ob ich ihn aus dem Augenwinkel sehen könnte. Sobald ich aber hinsah, war er verschwunden. Ich konnte seine Nähe tatsächlich spüren, so wie man spürt, wenn ein Mensch hinter einem steht. Es war ein großer Hund, kein Welpe, die Rasse konnte ich nicht erkennen. Als virtueller Schatten begleitete er mich Tag und Nacht, erfüllte mein Leben mit einer unbekannten Sehnsucht. Seit diesem einen Tag, der einen Sekunde, als er plötzlich neben mir saß, verließ mich der Gedanke nicht mehr, irgendwann einen Hund zu haben.

Ich gewöhnte mich an meine neue Begleitung. Nach einem halben Jahr hatte ich eine Patientin, die Hunde züchtete. Sie lud mich ein, ihre Hunde anzuschauen. Doch als wir näher ins Gespräch kamen, riet sie mir ab. Einen ihrer Welpen würde sie mir nicht anvertrauen, denn ich arbeitete zehn Stunden am Tag und hatte viel zu viel Spaß am Reisen in ferne Länder. Ich konnte ihr nur zustimmen, aus denselben Gründen hatte ja auch ich selbst nie Platz für einen Hund in meinem Lebensplan gesehen. Also blieb ich erst einmal hundelos. Der Schattenhund blieb neben mir, mein Gefühl für ihn verdichtete sich von Tag zu Tag. Aber ich blieb gelassen. „Der wird schon kommen", dachte ich mir.

Und jetzt schaue ich in Jamies Augen, in diese tiefen, dunklen Augen. Ich weiß, es ist ein fürchterliches Klischee, aber sie erinnern mich wirklich an einen Bergsee, den ich einmal in den Anden gesehen hatte. Es sind Augen, die schon alles wissen.

***

Ich schrecke aus meinen Gedanken hoch. „Der muss bestimmt raus!", fällt mir ein. In Windeseile ziehe ich mich an. Als ich Jamie das Halsband um den Nacken schnalle, zuckt er kurz und duckt sich. Die Stufen nach unten, ich wohne im ersten Stock eines Altbaus mitten in Wiesbaden, läuft er frei, erst vor der Haustür leine ich ihn an. Wieder zuckt er zurück, läuft die äußeren Steinstufen herunter und steuert den erstbesten Baum an. Er schnuppert, läuft mehrmals um den Baum herum. Mir bleibt nichts anderes übrig, als ihm zu folgen. Dann hebt er sein Bein und zerrt mich zum nächsten Baum.

Schnuppern, markieren, zwischendurch noch schnell eine Mauer am Rand der kleinen Vorgärten anpinkeln und dann weiter. Vor jedem Haufen bleibt er stehen und ich, ich hänge an der Leine – wer nimmt hier wen mit? Als wir endlich den Park erreichen, lasse ich ihn frei. Angst davor, dass er mir davonläuft, habe ich nicht; er suchte ja von den ersten Augenblicken an immer meine Nähe. Mitten auf einem kleinen Hügel platziert er seinen Haufen. Verwundert schaut er mich an, als ich eine Tüte zücke und seine Duftnote in den nächsten Mülleimer werfe. Er hebt sein Bein, pinkelt gegen die Stange des Eimers, als er plötzlich innehält. Am Ende des Weges steht ein Hund. Jamie versteift sich, er macht sich so groß, dass er sozusagen über sich hinauswächst, und stakst auf den anderen Hund zu, die Rute steil nach oben gerichtet.

Ich spüre seine Anspannung, erkenne die Bedrohlichkeit der Situation. Ich rufe ihn, will ihn anleinen und umkehren, aber es ist zu spät. Jamie stakst weiter, und bleibt stocksteif vor dem anderen Hund stehen. Ich habe Angst. Der andere Hund, ein Weibchen, blickt zur Seite, streckt die Vorderläufe nach vorne und rennt über die Wiese. Jamie hechtet hinterher, überholt und bremst sie aus. Jetzt rennt er vor, gefolgt von der Hündin. Ich atmete tief durch und entspanne mich. Unser erster Hundekontakt ist ein Erfolg. Dass diese harmlose Begegnung eine Ausnahme ist, ahne ich nicht.

Auf dem Heimweg zerrt mich Jamie wieder von Baum zu Baum – ist das normal bei Hunden? Keine Ahnung, aber es nervt. Vom vielen Zerren tut mir die Schulter weh. In der Wohnung läuft er unruhig von Raum zu Raum, beschnuppert jedes Möbelstück, ruht sich kurz auf dem Läufer vor dem Kamin aus, springt sofort wieder auf und geht ins nächste Zimmer. Allein vom Zusehen werde ich ganz nervös. Ich dachte, Hunde würden sich nach einem langen Spaziergang in ihren Korb legen und schlafen. Während ich noch überlege, wie ich mit so einem unruhigen Hausgenossen zurechtkommen soll, passiert das Malheur: Mitten im Wohnzimmer auf dem Dielenboden liegt ein Haufen. Nach dem ersten Schrecken führe ich Jamie wieder nach draußen und versuche vollkommen entspannt zu wirken. Ich habe Verständnis für meinen Hund: Das ist der Stress, dafür kann Jamie nichts, er muss schließlich erst einmal ankommen.

Dieser erste Tag mit ihm zeigt mir, wie unerfahren ich bin. Ich habe keine Ahnung von Hunden – genauso wenig wie Jamie selbst. Nur eines ist mir klar: Er muss lernen, auf mich zu hören.

Morgens gehen wir in den kleinen Park, der keine fünf Minuten von meiner Wohnung liegt, und nachmittags fahren wir meist in den Rabengrund, ein Wald- und Wiesengebiet vor den Toren Wiesbadens. Ich habe mir angewöhnt, Wildstreifen in die Hosentasche zu stecken. Wenn ich rufe: „Jamie zu mir“, und er kommt, belohne ich ihn damit. Es gibt Tage, an denen er eine halbe Stunde konzentriert mit mir durch den Wald läuft, auf mich achtet und meine Kommandos befolgt. An den schlechten ist seine Kapazität schon nach einer Viertelstunde erschöpft. Dann ist es so, als fiele zwischen uns eine Tür zu, durch die kein einziger Laut mehr nach innen dringt. Selbst wenn ich ihn dann an die Leine nehme, hat er auf Durchzug geschaltet; er zerrt und ruckt an ihr, als wäre ich Luft.

***

Im Nachhinein weiß ich, dass ich glaubte, Jamie würde wie von selbst auf mich hören, wenn ich ihn nur genug liebte. Das war genau der falsche Ansatz. Mein Hund brauchte mich als Leittier, das ihm zeigt, wo es langgeht. Er hätte zu mir schauen und auf mich achten müssen; bei unseren Spaziergängen aber waren unsere Rollen vertauscht: Meine komplette Aufmerksamkeit war auf Jamie gerichtet. Ich hatte ihn ständig im Auge, um sein Verhalten einzuschätzen. Auch die anderen Hunde, die wir unterwegs trafen, beobachtete ich. Ihre Ruten hingen meist entspannt nach unten oder wedelten, manche Hunde hielten sie waagrecht. Mein Jamie trug seine Rute immer hoch erhoben, wie ein drohender Skorpion. Aber unter seiner aufgeplusterten Oberfläche spürte ich seine Unsicherheit. Dafür, dass er Angst hatte, gab es viele Anzeichen. Als uns einmal ein Mann mit einer raschelnden Tüte in der Hand verdächtig nahe kam, sprang Jamie panisch zur Seite. Den Motorradfahrer mit dem schwarzen Helm auf dem Kopf, der hinter unserem Auto fuhr, verscheuchte er hysterisch bellend. Sobald jemand in seiner Nähe seine Arme nach oben streckte und sich damit in Jamies Augen bedrohlich groß machte, duckte er sich weg. Und als ich bei einem unserer Waldspaziergänge einmal zufällig eine peitschenartige Liane in der Hand hielt und nach ihm rief, kroch er auf mich zu und drehte den Kopf zur Seite, um jeglichen Augenkontakt zu vermeiden. Erschrocken ließ ich die Gerte fallen – und Jamie rannte fröhlich weiter.

Instinktiv wusste ich, dass ich cool bleiben und so tun musste, als ob ich immer und zu jeder Zeit Herr der Lage sei. Aber auch ich hatte Angst, Angst, dass er gebissen wird, und Angst davor, dass er weitere schlechte Erfahrungen macht.

***

Es war Winter, unter den schneeverwehten Straßen lauerte das Eis. Durch sein Zerren verlor ich den Halt und lag nach Atem ringend auf dem Rücken. Jamie schleckte mir übers Gesicht und tat so, als ob er in keinster Weise an diesem Unfall beteiligt gewesen war. Ich war wütend, verzweifelt und musste doch über ihn lachen. Wie schaffte er es nur, mich immer wieder zu besänftigen? Ich wusste es längst – wenn er mich mit seinen dunklen Augen ansah, berührte er meine Seele und sofort dachte ich: „Alles nicht so schlimm – neuer Tag, neues Glück." Und es war wirklich so, wir hangelten uns von einem Tag zum anderen. Aber leicht war es nicht.

Wenn es an der Tür klingelte, postierte Jamie sich im Flur und bellte furchterregend. Kein Wunder, dass ich in ängstliche Augen sah, wenn ich dann die Tür öffnete. Um den Besucher zu schützen, stellte ich mich vor Jamie, doch er drängte sich immer vor mich, so dass derjenige, der vor der Tür stand, zurückweichen musste. Mit männlichem Besuch ging er sogar noch aggressiver um als mit meinen Freundinnen. Das konnte nur am Geruch liegen, Männer dunsten mehr Testosteron und Adrenalin aus. Nicht nur mein Besuch war gestresst. Wenn wir nicht mehr nur zu zweit waren, war Jamie so aufgewühlt, dass er sich winselnd seine Ohren auf dem Teppichboden schrubbte und ich nicht mit meinem Besucher beschäftigt war, sondern damit, meinen Hund zu beruhigen. Fazit: Wir bekamen immer weniger Besuch.

Doch ich dachte nur: „Freunde halten Vernachlässigung schon mal aus." Jamie war mir wichtiger.

Auch sein Verhalten anderen Hunden gegenüber schaffte Probleme. Auf kleine, unkastrierte Rüden schmiss er sich mit wildem Getöse, größere versuchte er zu besteigen. Wenn ich ihn runterzerrte, schaute er mich fragend an. Es gab aber auch Hunde, mit denen er Freundschaft schloss. Dann rannten sie im wildem, und doch harmonisch wechselndem Jagdspiel über die Wiesen. Einen Grund für seine unterschiedlichen Reaktionen bei einem Hundekontakt konnte ich nicht erkennen.

Je länger er bei mir lebte, umso mehr Fragen stellten sich mir. Klar war nur, dass sein Verhalten oft nicht akzeptabel war. Manchmal waren meine Angst und mein Schrecken so groß, dass ich ihn wütend anschrie: „Lass das!" Dann zuckte er jedes Mal zusammen und mir tat es leid, dass ich die Fassung verloren hatte. Nur wenn wir gemeinsam auf der Couch lagen und meine Hände ihn sanft behandelten, entspannte Jamie sich für diesen einen kleinen Moment und fühlte sich nicht mehr wie ein Stromjunkie an. Wichtig war mir, Jamie auf ein ruhiges, entspanntes Level zu bringen. Denn wenn Adrenalin das Ruder übernimmt, befindet sich der Körper ständig auf der Flucht, da bleibt fürs Heilwerden keine Energie übrig.

***

Jamie war ein Geschenk des Himmels und gleichzeitig der absolute Albtraum. Ich hatte mir das einfacher vorgestellt. Ursache für viele Probleme war aber ich selbst. Er verlangte klare, hierarchische Strukturen von mir, und die lehne ich nun mal aus tiefstem Herzen ab – ich hasse sie. Rangordnung hört sich für mich wie Hackordnung an. „Wo bin ich da nur reingeraten?“, fragte ich mich. Nie zuvor hatte ich mich um Erziehung kümmern müssen, mein Leben war unbeschwert und von Reisen geprägt gewesen. Aber Jamie ist ein Hund und Hunde sind Rudeltiere. Sie leben in einer klar strukturierten Rangordnung. Und nur, wenn ich bereit war, der Chef unseres kleinen Rudels zu sein, würde er irgendwann zur Ruhe und Gelassenheit kommen, die er zur Genesung dringend brauchte.

Also gewöhnte ich mir an, als Erste durch die Tür zu gehen. Wenn er vorpreschen wollte, schnellte mein Knie zur Seite, gleichzeitig kam ein tiefes „Skisch“ aus meiner Kehle. Er schaute mich dann an, als ob ich sie nicht mehr alle hätte, und ich dachte sofort: „Du hast ja Recht, verfluchte Hierarchie!“ Aber ich blieb standhaft.

Seinen vollen Fressnapf durfte Jamie nur mit meiner Genehmigung anrühren. Wenn ich ihn um seinen weggestellten Napf tigern sah, weil er mal wieder nicht abwarten konnte, bis ich ihm das Fressen erlaubte, brach mir fast das Herz. Wie konnte ich nur so gemein sein! Aber abgesehen davon, dass sein Herumgehopse um den Fressnapf nervte, gibt es kaum eine bessere Gelegenheit, die Rangfolge klarzustellen. Erst wenn der Rudelführer gefressen hat bzw. den Futternapf freigibt, dürfen die unteren Ränge ran. Und eins war klar: Jamie als Rudelführer – das geht gar nicht!

Ich gab mir so viel Mühe, die Kraft aufzubringen, Jamie klare Regeln und damit Ruhe und Sicherheit zu vermitteln.

Und Jamie?

Ich hatte mir nachmittags freigenommen und fuhr in den Rabengrund. Der Wald war in ein glitzerndes Kleid gehüllt und das weiße Fell meines Hundes verschmolz mit dem Weiß des Schnees. Ich sah schwarze Punkte auf und ab hopsen – auf einmal waren sie verschwunden. Ich rief nach Jamie, rannte ihm hinterher. Er stand oben auf einem Hügel, an dessen Fuß zwei wild fuchtelnde Frauen und ihre vier kleinen Windhunde standen, die kläffend an ihren Leinen zerrten. Schreie durchschnitten die Stille, die klare, kalte Luft roch nach Angst. War es dieser Geruch, der Jamie reizte? Gerade in dem Moment, in dem Jamie zum Sprung ansetzte, erreichte ich ihn und – „klick" – hing er an der Leine. Allerdings eine Sekunde zu spät. Ich verlor das Gleichgewicht und wurde von ihm auf dem Bauch liegend den Schneehang hinuntergezogen. Wir waren nur noch fünf Meter von den Hunden entfernt, als ich es endlich schaffte, mich auf den Rücken zu drehen und meine Hacken in den eisigen Boden zu rammen. Durch den abrupten Stopp landete Jamie im Schnee, die kreischenden Frauen liefen in einem weiten Bogen um uns herum und verschwanden.

Da liege ich! Der Schnee ist unter meine Jacke und in die Hose gekrochen, ich friere. Mir reicht's, ich will nur noch nach Hause. Aber wo ist der Autoschlüssel? Ich taste meine Jacke ab, auch in der Innentasche finde ich ihn nicht. Da bleiben nur noch die Hosentaschen, ah, es klimpert, aber es ist nur der Wohnungsschlüssel. Ich ziehe die Jacke aus und schüttle sie kopfüber aus. Ein Tempo-Taschentuch und ein paar Brocken Fleisch fallen heraus, über die sich Jamie sofort hermacht. Ich laufe zurück zum Hang, wo sonst könnte ich den Autoschlüssel verloren haben! Während ich den Hang durchpflüge, fängt Jamie Schneeflocken. Nach einer Stunde gebe ich auf, wir müssen zu Fuß zurück. Zwei Stunden später stehen wir vor unserer Wohnung. Jamie rennt in die Küche, setzt sich vor seinen Napf und schaut mich flehend an. Ich schüre Feuer im Kamin und ziehe mir trockene Sachen an. Ich bin immer noch sauer. Also heißt es: erst ich, dann du!

***

Schon als wir uns das erste Mal begegneten, wusste ich, dass Jamie krank war. Er sah abgemagert aus, sein Fell wirkte stumpf, fast dreckig, und seine Augen hatten den dumpfen Glanz der Resignation. Das war der Grund, warum ich ihn gleich bei meinem ersten Besuch bei der Familie mitgenommen hatte. Ich hatte mir aber keine Vorstellung von seinen Leiden gemacht und was es bedeutet, sich um einen chronisch kranken Hund kümmern zu müssen.

Ein großes Problem waren Jamies Ohren, dauernd kratzte er sie. Es gab Nächte, in denen er lauthals winselnd seine Ohren auf dem Läufer rieb und voller Panik in mein Bett sprang. Ich nahm ihn dann fest in meine Arme, um ihn am Kratzen zu hindern, und sang eine beruhigende monotone Melodie, bis er eingeschlafen war. In den Nächten, in denen ihn Bauchschmerzen plagten, rannte er bellend um mein Bett; wenn ich nicht gleich erwachte, sprang er hinein und leckte mir über mein Gesicht, bis mich dieser feuchte, große Hundelappen in die Wirklichkeit zurückholte. Damit Jamie schnell genug nach draußen kam, zog ich mir nur einen langen Mantel über und schlüpfte ohne Socken in die Stiefel.

Meistens schafften wir es rechtzeitig auf die Straße. Wir bekamen Routine: Einschlafen, Wachwerden, Anziehen, Runtergehen, wieder die Treppen hoch und erneut Einschlafen.

Wie lange können ein Mensch und ein Hund Schlafdefizit verkraften? Nach der vierten schlaflosen Nacht sagte ich die Termine meiner Patienten ab und fuhr mit Jamie zum Tierarzt. Freudig sprang er aus dem Kofferraum und lief die Treppe zur Praxis hinauf, doch dann dämmerte ihm etwas. Die letzten Stufen musste ich ihn nach oben zerren. Im Wartezimmer lief er nervös von einer Ecke in die andere, und als sich die Tür öffnete und eine Frau in einem weißen Kittel ihn freundlich anlächelte, wich er ängstlich zurück. Mit großen, angstgeweiteten Pupillen starrte er mich in der Ecke stehend an, während ich seine Leidensgeschichte in Kurzform erzählte.

Die Tierärztin überprüfte seine Temperatur, schaute in seine Ohren und nahm ihm Blut ab. Ich bekam eine Antibiotikasalbe für seine Ohrentzündung und ein Antibiotikum für die Darmprobleme. Tatsächlich wurden sein Durchfall und der ständige Juckreiz in seinen Ohren besser, endlich konnten wir wieder durchschlafen. Auch hatte ich das Gefühl, ihn besser erreichen zu können, er wurde aufmerksamer. Ganze drei Wochen hielt unser Glück an. Dann verschlechterte sich sein Zustand wieder. Also bekam er wieder ein Antibiotikum. Es war wie bei einem Jojo-Effekt: Nach jeder kurzen Besserung seiner Beschwerden wurde alles nur noch schlimmer. Ich wechselte den Tierarzt, ich sah keinen Sinn mehr darin, ihm weiterhin Antibiotika zu verabreichen, denn seine Ohrlappen waren nun am unteren Ende blutig verkrustet – ein eindeutiges Zeichen für eine Immunschwäche. Wenn er seinen Kopf schüttelte, besprenkelte er sein Fell, die Tapete und alles andere im Umkreis mit seinem Blut. Meine Nerven lagen blank. Ich *drängte* nicht mehr, ich *bestand* auf einem Allergietest.

Es stellte sich heraus, dass Jamie vor allem gegen Milben allergisch reagierte, aber auch gegen Rinder- und Hühnereiweiß. Weil Milben praktisch überall sind, vor allem in Trockenfutter, musste ich vieles in unserem Leben umstellen. Ich kaufte Milbenbezüge für die Hundebetten und Mikrofaserdecken für die Couch und den Wagen. Plaste und Elaste ersetzten die Wolldecken und Felle, in denen sich Milben ganz besonders wohlfühlen. Es gab auch kein Trockenfutter und keine Kaustangen mehr. Jeden Tag kochte ich seine Ration an Lammfleisch und Gemüse frisch, denn Allergiker reagieren auch auf Histamin, das Juckreiz hervorruft. Und weil Histamin durch die Abbauprozesse von Bakterien entsteht, ist seine Konzentration in der Nahrung umso höher, je älter und abgestandener sie ist.

Ich musste in dieser Zeit wohl oder übel allein herumexperimentieren, denn wie so oft im Leben bekam ich, wenn ich drei Leute fragte, fünf Antworten. Ein Tierarzt zum Beispiel riet mir, das Trockenfutter einzufrieren, das würde die Milben abtöten. Das erschien mir unlogisch, da ja nicht die Milbe selbst, sondern ihr Kot allergen wirkt. Und der bleibt drin, auch wenn das Futter mal eingefroren wurde.

Es war schwer, Jamie gesund zu ernähren, fast immer fand er auf unseren Spaziergängen irgendein vergammeltes Brötchen im Gebüsch. Dann reagierte ich hysterisch, riss sein Maul auf in der Hoffnung, noch

Reste zu erwischen. Aber das beeindruckte ihn nur für einen Moment, beim nächsten „Street-Food" war alles wieder vergessen. Auch zu Hause entpuppte sich Jamie als diebische Elster. Einmal stand abends eine Pfanne mit Huhn, Ingwer und Balsamicoessig auf dem Herd und er schaffte es, sich diese Köstlichkeit einzuverleiben. Auch Ingwerstäbchen in Schokoladenglasur waren vor ihm nicht sicher; als ich heimkam, fand ich die leere Packung auf dem Flur. Ich schaute meinen Hund vorwurfsvoll an, aber Jamie tat so, als wüsste er nicht, was ich meinte. Das Thema wollte er mit mir nicht diskutieren, schließlich hatte ich all die Köstlichkeiten verwahrlost stehen lassen – eine eindeutige Einladung in seinen Augen.

Immer, wenn er etwas stibitzte, zog das die üblichen Folgen nach sich: Durchfall, Erbrechen und eine schlaflose Nacht. Vieles, was er sich „organisierte", war sogar giftig für ihn: Schokolade, Tomaten, Zwiebeln, Weintrauben und Rosinen haben auf Hunde eine toxische Wirkung. Jamies Krankheiten ließen mich schier verzweifeln. Gleichzeitig reizte mich die Aufgabe: „Das muss doch zu schaffen sein!"

Ich rief meine Schwester Pia in Berlin an, sie ist klassische Homöopathin. Am Telefon beschrieb ich ihr Jamie, seine Vorlieben, seine Abneigungen, seine Ängste und all die Beschwerden, die er mitgebracht hatte. Nach drei Tagen bekam er sein Konstitutions-Mittel. Langsam wurde er gesünder, stabiler und damit auch aufmerksamer. Abweichungen von dem täglichen Trott, wie das Klingeln an der Haustür, Besuch oder ein Stadtspaziergang mit anschließendem Essen im Restaurant, zerrten nicht mehr so sehr an seinem Nerven. Seine Beschwerden waren zwar nicht weg, aber für uns beide wurde es leichter. Auch im Kontakt mit anderen Hunden reagierte Jamie etwas entspannter.

***

Schon in den ersten Wochen, nachdem Jamie bei mir eingezogen war, wurde klar, dass wir uns eine neue Bleibe suchen mussten. Dafür gab es zwei Gründe. Erstens: Für Jamie war die Stadt mit ihren schrillen, quietschenden Geräuschen und den hupenden Autos eine Strapaze. Und zweitens: In meiner geliebten Wiesbadener Altbauwohnung, in der ich damals wohnte, war Tierhaltung unerwünscht. Acht Monate vergingen, bis wir vor den Toren Wiesbadens ein kleines Haus mit Garten fanden. Ein ruhiger Ort, umgeben von Feldern und Wäldern, wo wir zur Ruhe kommen konnten.

Die Umzugskartons stapelten sich noch im neuen Haus, da packte ich schon wieder. Meine alljährliche Fortbildung an der Ostsee wollte ich nicht absagen.

Jamie und das Meer waren wie füreinander gemacht. Als ich den Kofferraum öffnete, sah er mich mit seinen großen dunklen Augen an, im selben Moment schnellte seine Schnauze in die Höhe, blähte sich vom Schnuppern und schon stand er neben mir. Es roch nach Wasser und modrigem Tang. Jamie rannte im molligen Sand hin und her, bremste abrupt ab und stand in einer Sandwolke. Im nächsten Moment hopste er zum Wasser, schnupperte und raste wild spritzend am Ufer auf und ab, dann schnappte er sich eine Muschel und schmiss sie in die Höhe. Nach der ermüdenden Autofahrt saß ich einfach nur im Sand, es war die pure Freude, ihm zuzusehen.

Es dauerte lange, bis auch er müde wurde und sich nass und hechelnd zu mir legte.

Wir drei Teilnehmer, die ihre Hunde zum Seminar mitbrachten, waren in einem kleinen Haus mit drei separaten Zimmern untergebracht; hinten hinaus grenzten Felder an die Terrassen. Mein Zimmer teilte ich mir wie jedes Jahr mit meiner Freundin und Kollegin Heike, die mit dem Zug aus München kam. Es war eine herrlich entspannte Zeit. Morgens tobten die drei Hunde im Rudel durch den Wald, über Wiesen und Felder, und in der Mittagspause fuhren wir gemeinsam an den Strand.

Als ich einmal vom Seminar zurück ins Zimmer kam, lag Jamie in seinem Korb, aber ich sah mein Nachthemd mitten auf der eingedrückten Bettdecke liegen – das hatte ich doch unter das Kopfkissen gelegt? Vom Bett aus konnte Jamie auf das Sonnenblumenfeld schauen – und auf den Nachttisch von Heike. Der Pfirsich, der dort gelegen hatte, war samt Kern verschwunden. Ich blickte auf den Nachttisch und dann zu Jamie, er schaute ganz unschuldig – und leckte sich über seine Schnauze.

An einem unserer freien Seminarnachmittage fuhren Jamie, Heike und ich wieder einmal an den Strand. Nach einer Stunde Fußmarsch setzte ich mich mit einem Stock in der Hand an einen der großen runden Findlinge, die so typisch für die Ostsee sind, und schaute versonnen aufs Meer. Zeit für eine Rückschau: Vieles hatten Jamie und ich schon gemeistert, ich war stolz auf uns. Jamie lag neben mir und biss verträumt Stück für Stück von einem Stock ab, den ich locker in einer Hand hielt. Plötzlich spürte ich einen stechenden, brennenden Schmerz, Jamie hatte mir in den Daumen gebissen. In der Millisekunde zwischen Schmerz und Schrei öffnete er erschrocken sein Maul – so war die Verletzung nicht so schlimm. Auf dem Rückweg war ich mit dem Brennen und Pochen und meiner aufflammenden Übelkeit beschäftigt. Jamie schaute mich immer wieder verstohlen von der Seite an, sah ich so etwas wie Sorge in seinem Blick? Mir fiel ein Dokumentarfilm über Tiere in Afrika ein. Wenn ein Elefant oder ein Wasserbüffel stirbt, bleibt die Gruppe bei dem verstorbenen Tier und trauert. Sie weinen um den Verlust und erst nach Tagen ziehen sie weiter. Ich glaube: Wenn Tiere trauern können, dann sind sie auch fähig, sich zu sorgen.

***

Unseren ersten Urlaub hatte er ohne eskalierende Vorkommnisse überstanden. Jamie tat mir gut. Das Leben mit ihm strukturierte meinen Alltag und die Spaziergänge machten mich fit. Auch Jamie brauchte die Bewegung – sie war sogar lebensnotwendig für ihn. Dalmatiner gehören zu den Laufhunden, sie wurden als Begleitschutz für Kutschen gezüchtet. Wenn früher die Gespanne über Land fuhren, liefen die Dalmatiner *unter* den Kutschen mit und schützten die Insassen vor Überfällen. Wenn Jamie in leichtem, gleichmäßigem Trab neben meinem Fahrrad lief, fühlte ich, wie sich seine Anspannung löste. Sein adrenalingetriggertes Nervensystem beruhigte sich, denn Bewegung baut diesen Botenstoff ab.

Um ihn besser verstehen zu können, wollte ich wissen, wie Jamie seine Umgebung wahrnimmt. In einer Buchhandlung fand ich ein gutes Buch über Hunde.

Abends setzte ich mich auf die weichen Kissen vor den Kamin, Jamie legte seine Schnauze genüsslich auf meinen Oberschenkel und schloss die Augen genau in dem Augenblick, als ich die erste Seite des Buches aufschlug. Was ich dort las, erstaunte mich. Im Vergleich zum Hund sind Menschen geradezu taub. Wir Zweibeiner hören Frequenzen von 20 bis 20.000 Hertz, mit einem maximalen Empfindlichkeitsbereich zwischen 1.000 und 4.000 Hertz. Hunde dagegen können Frequenzen von 15 bis 50.000 Hertz wahrnehmen, teilweise sogar bis 100.000 Hertz, mit einer maximalen Empfindlichkeit bis 8.000 Hertz. Hunde sind sogar in der Lage, Geräuschquellen dreidimensional zu orten. Hierbei helfen ihnen ihre beweglichen Ohrmuscheln, für deren Bewegung 17 Muskeln verantwortlich sind.

Auch der Sehsinn der Hunde ist hervorragend. Wie bei Katzen wird einfallendes Licht in der Dämmerung vom Augenhintergrund reflektiert und erhöht die Empfindlichkeit des Sehvermögens. Lange Zeit meinte man, dass Hunde nur Schwarzweiß sehen können. Doch sie sehen Farben, allerdings ein anderes Farbspektrum als Menschen; zum Beispiel können sie Rot nicht erkennen. Ihre Sehschärfe ist geringer als die des Menschen, die Wahrnehmung stillstehender Objekte wird durch das Gehirn unterdrückt. Dinge, die sich bewegen, also zum Beispiel auch Beute, werden dagegen optisch selektiert und supergenau wahrgenommen.

Hunde können nicht nur viel genauer hören als Menschen, ihr Geruchssinn ist phänomenal. Sie verfügen über eine wesentlich höhere Anzahl an Riechzellen als Menschen, ihre Geruchswahrnehmung ist eine Million Mal intensiver. All die kleinen herumfliegenden Geruchsmoleküle stimulieren die Riechzellen und leiten die Information direkt an das Ur-Hirn. Dort lösen sie ein Instinktverhalten aus, das erst in zweiter Instanz von der Großhirnrinde beeinflusst wird, dem Teil, der Handlungen abwägt. Beim Menschen ist das nicht anders. Darauf basiert der Spruch: „Ich kann dich nicht riechen." Der Geruchssinn von Hunden ist so fein, dass sie schon aus weiter Entfernung riechen können, in welchem emotionalen Zustand ein Wesen ist. Geringste Konzentrationen an Hormonen in der Luft verraten ihnen, ob ihr Gegenüber gerade Anspannung, Aggression, Angst, Freude, Krankheit, Desinteresse oder Souveränität ausstrahlt. Weil sie Geruch, Körperhaltung und Mimik ihres Gegenübers so genau wahrnehmen, können sie ihr Verhalten der Situation entsprechend sehr schnell anpassen. So kommt es, dass sie manchmal ängstliche Hunde (und Menschen) schon von Weitem erkennen und bellend verscheuchen. So einer würde nur das Rudelgefüge schwächen. Am faszinierendsten ist aber die Fähigkeit der Hunde, Gedanken als Bilder im Gehirn zu empfangen. In einem der späteren Kapitel werde ich darauf zurückkommen.

Ich sehe Jamie prüfend an. Ich spüre, wie er nicht nur die Wärme der Flammen aufsaugt, sondern auch meine Gedanken. Es scheint, als müsse er mich noch nicht einmal ansehen, um meine Gedankenwelt zu erforschen. Unsere Sinne funktionieren ziemlich ähnlich, denke ich. Doch was Jamie von Geburt an kann, musste ich mir in vielen Jahren erst mühsam erarbeiten – und immer noch empfange ich von Jamie kaum mehr als ein Rauschen. Obwohl meine Wahrnehmungsfähigkeit geschult ist, zeigt sich Jamie in seiner Sinneswahrnehmung mir weit überlegen, er ist ein echtes Wahrnehmungsgenie. Aber wenn er meine Gedanken buchstäblich lesen kann, warum gehorcht er mir nicht? Und wie schaffe ich es, dass sich unsere Kanäle häufiger treffen?

Das Feuer ist heruntergebrannt. Genug für heute, sage ich mir, ich bin müde.

„Komm, Jamie", denke ich. Und noch bevor ich mich bewege, steht Jamie auf und geht mir ins Schlafzimmer voran.

***

Esther: Ich weiß, dass du mir zugehört hast. Und ich glaube, dass du jedes Wort, was ich denke, verstehst. Auch die, wenn ich dir sage, dass du mir folgen und keine weggeworfenen Brötchen fressen sollst.

Jamie: Kann sein, aber ich musste hungern und da nimmt man alles mit, was sich einem bietet.

Esther: Merkst du nicht, dass du davon Durchfall bekommst?

Jamie: Nö, mit mir läuft doch alles bestens. Wir leben nun mal in der Gegenwart, nicht in der Zukunft.

Esther: Und warum gehorchst du mir nicht? Du weißt doch genau, was ich von dir erwarte!

Jamie: Ich verrate dir ein Geheimnis. Wir Hunde nehmen sehr genau eure innere Haltung wahr und spüren, was ernst gemeint ist und wo ihr schwankt. Und wenn da dieses schwammige Gefühl ist, dass euch etwas nicht hundertprozentig wichtig ist, was wir gerade tun, nutzen wir die Lücke schamlos aus.

Esther: Wie meinst du das?

Jamie: Denk doch nur daran, wie du eine Hierarchie zementieren willst, und gleichzeitig Hierarchien für Blödsinn hältst. Denkst du etwa, das merke ich nicht? Oder wie ich einmal aus Versehen daran schuld war, dass du auf rutschigem Eis hingefallen bist. Du warst gleichzeitig sauer und irgendwie musstest du auch lachen. Oder wenn ich etwas vom Nachttisch stibitze, dann schimpfst du, aber hast auch viel Verständnis für meine Fresslust.

Esther: Stimmt. Ich erinnere mich auch daran, wie ich mit dir mal auf der Couch lag, zwischen uns ein verwaistes Stück Schokolade. Deine Schnauze kam dem Objekt deiner Begierde immer näher. Wenn du fast dran warst, habe ich schnell die Schokolade mit meiner Hand bedeckt. Du hast Desinteresse vorgetäuscht und nach einer Zeit dein Glück aufs Neue versucht. Da ist ein richtiges Spiel draus geworden. Deine Bemühungen, an dieses kleine Stück Schokolade zu kommen, waren wirklich komisch. Und gleichzeitig war ich sauer, dass du keine Ruhe gabst.

Jamie: Du hast nichts gesagt – kein „Pfui!", kein „Aus!", „Sitz!", „Platz!", „Skisch!" oder was auch immer. Wenn wir etwas tun, was euch nicht gefällt, und ihr lacht darüber, empfinden wir das als Schwäche und gleichzeitige Einladung, einfach weiterzumachen. Lachen ist für uns Hunde ein eindeutiges Zeichen, dass es nicht ernst gemeint ist. Wenn wir aber eure Entschlossenheit spüren, dann gehorchen wir gerne und lassen uns von euch wie durch einen unsichtbaren Faden lenken. Werde dir also erst mal über deine Wünsche und Gedanken klar, bevor du versuchst, mich zu erziehen!

Esther: Gar nicht so einfach für uns Menschen. Ich will versuchen, es in Zukunft besser zu machen. Was meinst du, wirst du heute Nacht wieder raus müssen?

Jamie: Ich weiß zwar sehr gut, was in der Gegenwart los ist, aber in die Zukunft kann ich nicht sehen. Lassen wir uns überraschen …

3. Kapitel
Hunger auf Leben

Ich schrecke mit einem scharfen, bitteren Geruch in der Nase aus dem Schlaf. Ich erstarre und mein Magen wird zu Eis. Ich bin wieder im Schuppen! Ich versuche mich zu orientieren, doch alles um mich herum ist stockdunkel. Auch wenn ich vor Schreck nicht mehr atme, dringen doch ein paar Duftmoleküle zu mir durch: eine wohlige Mischung aus Rose, Kamille, Mandarine und Lavendel. Ein beruhigender Geruch. Ich hole tief Luft. Ja, es ist genau der Duft von gestern Abend, als ich mit Esther über die Türschwelle in mein neues Zuhause, in mein neues Leben getreten bin. Meine Erleichterung ist grenzenlos. Es war nur ein Albtraum.

Langsam kommen die Erinnerungen. Jeden einzelnen der vier Räume bin ich gestern abgelaufen. Der eine roch verführerisch nach Fressen, ein anderer nach Wärme und Trockenheit, in der Ecke loderte ein Feuer, vor dem ich mich kurz ausruhte. Mein Körper lechzte nach Wärme, doch meine Unruhe ließ mich gleich wieder aufstehen. Das nächste Zimmer war belanglos. Gegenüber dem Fenster stand ein Schrank, aus ihm quollen Unmengen von Gerüchen hervor, die alle zu Esther gehörten. Im letzten Zimmer stand ein Bett mitten im Raum, daneben ein weißer Korb mit großen schwarzen

Punkten. Der sah ein wenig wie ich aus, roch aber nicht nach Hund. Mein erster eigener Hundekorb! *Jetzt* riecht er nach mir. Ich drehe mich auf den Rücken und wälze mich wohlig auf meinem Kissen. Dann lege ich mich wieder auf den Bauch, die bequeme hohe Kante ist wie für meine Schnauze gemacht. Noch lieber hätte ich die Nacht natürlich in dem weichen, warmen Bett verbracht, in dem auch Esther schläft, aber das habe ich mich nicht getraut.

Ich linse über den Bettrand. Sie schläft, also los! Vielleicht ist mir gestern Abend bei meinen Kontrollgängen etwas entgangen? Ich schleiche durch alle Räume, lege mich dann auf die weichen Kissen vor den Kamin und sehe in die Glut. Kaum habe ich es mir gemütlich gemacht, reißt es mich wieder hoch. Lieber noch eine Runde drehen … Es dauert eine Weile, bis ich mich beruhigt wieder in den Hundekorb legen kann. Alles in Ordnung. Bin ich wirklich angekommen? Ist Esther der Mensch meiner Träume? Ihr Kofferraum riecht nach Ruhe und Sicherheit, und auch die Wohnung strahlt Frieden aus. Darf ich hoffen, bei ihr eine Bindung voller Vertrauen zu finden? Ein Miteinander, das den alten Vertrag zwischen Mensch und Hund wieder ins Leben rufen wird? Ich bin unsicher, ich weiß nur Eines: Ich muss vorsichtig sein. Ein guter Anfang ist, dass es nirgendwo nach diesem säuerlich bitteren Gestank von Adrenalin und Testosteron riecht.

Endlich ist auch meine neue menschliche Errungenschaft wach. Sie berührt mich freundlich an der Schulter. Ganz kurz spannen sich alle meine Muskeln, aber dann denke ich: Erst mal abwarten. Ich bin aufgeregt, mein ganzer Körper steht unter Strom. Ich brauche unbedingt

Bewegung. Und tatsächlich – Esther begleitet mich nach unten auf die Straße.

***

Ich bin total geflasht von der Geruchexplosion, die mich vor dem Haus erwartet. Von Baum zu Baum zerre ich Esther, bald tut mein Nacken vom Ziehen weh. Warum ist sie denn so langsam? Sie kapiert einfach nicht, wie lebensnotwendig es für mich ist, all die Gerüche aufzunehmen, die so offensichtlich vor meiner Schnauze liegen. Sie warten nur darauf, von mir entziffert zu werden. Doch Esther will mich dauernd von den Stellen wegzerren, die besonders viele Informationen für mich bereithalten – die Vorgarten-Mäuerchen, die Laternenpfähle und Ampeln … Hat sie echt keine Ahnung davon, was mich interessiert? Sie ist stur, aber ich auch. Ihr Rucken und Zerren beeindruckt mich nicht. (Aber die Schmerzen in meinem Nacken muss sie bemerkt haben, denn schon einige Tage später bekomme ich einen Gurt um meinen Körper geschnallt. Damit hören die Nackenschmerzen auf und mein Ziehen funktioniert um einiges besser.)

Noch nie in meinem Leben durfte ich all die zurückgelassenen Duftstoffe meiner Artgenossen genießen. Wie kleine geschwätzige Moleküle sitzen sie im Kot und Urin und erzählen mir von dem, was sich hier im Viertel hundemäßig so tut. Innerhalb kürzester Zeit bin ich auf dem neuesten Stand, was Alter und Geschlecht der hier lebenden Hunde angeht, ihre Krankheiten, die Läufigkeit der Hündinnen … Ich weiß auch, wer sich einbildet, der Chef im Revier zu sein. Damit dieser Fluss von

Information nie endet, hinterlassen wir Hunde überall unser Markenzeichen. Ich kann nicht oft genug mitteilen, dass nun auch Jamie eine Größe ist, mit der man ab heute rechnen muss. Endlich! Im Park gesteht Esther mir die Freiheit zu, dorthin zu rennen, wo ich hinwill. Warum denn nicht gleich so?

Sie muss keine Sorge haben, dass ich ihr weglaufe. Sie ist ja alles an Rudel, das ich auf der Welt habe. Ohne sie würde ich auch den letzten Rest an Sicherheit verlieren, davor habe ich große Angst. Deshalb halte ich mich immer in Sichtweite. Wenn ich später mal einen kleinen Streifzug durch den Wald unternehme oder einem Hund weit hinterherrenne, dann sind das Ausrutscher. Ich komme ja auch jedes Mal freiwillig wieder zurück, das kann nur etwas dauern … Die Anzahl der Momente, in denen ich außer Sichtweite bin, lassen sich an einer meiner Pfoten abzählen. Selbst Esther versteht bestimmt, dass das jedes Mal notwendig und nicht zu vermeiden ist.

***

In meinem bisherigen Leben habe ich außer Garten und modrigem Stall nichts kennengelernt. Esther gibt sich Mühe, dass ich alles nachholen kann, was mir in meinen ersten eineinhalb Lebensjahren verwehrt war. Als Erstes will sie, dass ich im Kontakt mit anderen Hunden die Feinheiten meiner Sprache von ganz alleine lerne und auffrische. Das hört sich nach grenzenloser Freiheit an – fantastisch! Fröhlich hopse ich in meinen Kofferraum und steige nach zwanzig Minuten an endlos langen Wiesen aus. Auf der einen Seite werden sie vom Rhein begrenzt, auf der anderen erstrecken sich die Hänge der Weinberge bis zum Horizont.

So viele Hunde! Wo soll ich nur zuerst hinrennen? Der da hinten, den könnte ich auffordern. Gleich hab ich dich! Schnell von der Seite anrempeln, eine kleine Hautfalte am Nacken – erwischt – leicht dran ziehen, das tut keinem weh, erhöht aber den Spaß bei der Hatz. Ah, daneben, er dreht den Kopf zur Seite, schlägt blitzschnell einen Haken – hinterher. Er bremst mich aus, ich springe über meinen Spielgefährten und werde zum Gejagten. Mein Hals, gleich hat er ihn, blitzschnell drehe ich mich, springe in die Luft – bong – unsere Brustkörbe prallen gegeneinander, rechter Haken, linker Haken, bücken, er schlägt ins Leere, was für ein Spaß! Erschöpft falle ich ins kühle Gras. Wir fressen ein paar Grashalme, buddeln ein Loch, schubbern uns den Rücken im Gras, und die Hatz beginnt von Neuem. Mein Spielkamerad ist ein Dalmatiner, wir haben die gleiche Art, aufeinander zuzugehen, da fühle ich mich um einiges sicherer als mit anderen Rassen.

Weil Esther und ich möglichst immer dieselbe Uhrzeit wählen, treffen wir meist auf die gleichen Hunde. Das ist so entspannend! Wir kennen uns und müssen nicht immer von neuem unsere Position klären. Mit manchen Hunden schließe ich Freundschaft, andere renne ich einfach nur um, weil sie unangenehm riechen, sich zu groß machen oder sich nicht in aller Seelenruhe von mir beschnuppern lassen. Wen ich nicht mag, macht bald einen großen Bogen um mich. Das ist mir nur recht, so habe ich mehr Zeit zum Spielen.

Es gibt keinen besseren Ort als diese „Wiesen-Schule“ für mich. Hier treffen sich nicht nur wir Vierbeiner, auch unsere Halter kommen zum Plausch zusammen. Ich genieße es, wenn ich einfach losrennen kann, ohne dass Esther dauernd „Lass das!“ oder „Nicht so wild!“ ruft. Wenn ich allerdings zu ihr zurückkomme, will ich auch ihre Aufmerksamkeit. Einmal war sie so ins Palavern vertieft, dass ich ungeduldig wurde. Ich hob mein Bein und erleichterte mich am Hosenbein der störenden Person. Esther war außer sich, türmte sich vor mir auf und schrie mich an: „Was hast du dir dabei gedacht!“ Während ich mich langsam hinlegte, dachte ich: „Ich bin nicht schwerhörig, was regst du dich denn so auf?“ Außerdem hatte ich nun ihre volle Aufmerksamkeit. Noch einmal habe ich aber lieber nicht zu dieser Maßnahme gegriffen.

Esther schreit überhaupt ziemlich viel herum. Mich verunsichert das. Den meisten Ärger handele ich mir ein, wenn ich unterwegs weggeworfene Lebensmittel einsauge oder mich auf kleine, respektlose Rüden werfe. Was das angeht, ist das letzte Wort zwischen uns noch nicht gesprochen. Ich werde sie schon noch davon überzeugen, dass leergegessene Currywurst-Teller, auf denen noch ein paar zermantschte Pommes mit Soße liegen, sehr lecker sind.

***

Ich genieße mein neues Leben in vollen Zügen. Aber es gibt immer noch viele Situationen, die Angst in mir auslösen, und dann bin ich heilfroh, Esther schützend neben mir zu wissen. Die Stadt mit ihren lauten Geräuschen macht mich ganz nervös. Und dann ist da noch die Sache mit dem Auf-den-Kopf-Gepatsche.

Wenn wir unsere Wohnung verlassen, bleibt nicht selten jemand bei uns stehen und sagt: „Was für ein schöner Hund!“ Gleichzeitig fasst er mir auf den Kopf. Dann zucke ich jedes Mal erschrocken zurück, mache mich klein, lecke kurz über meinen Fang und hoffe, dass er mir nicht weh tut. An diese Unsitte der Menschen, dass sie einen anfassen, bevor ich sie ausgiebig beschnüffeln durfte, gewöhne ich mich nur sehr langsam. Wenn *ich* einem Hund meine Schnauze auf den Nacken lege, zeige ich ihm deutlich: „Ich bin stärker und du hast dich mir unterzuordnen!“ Die Schnauze *auf seinen Kopf* zu legen, ist unter uns Hunden fast schon als tätlicher Angriff zu werten. Und dann wundern sich Menschen, wenn wir unfreundlich werden und sie anknurren, wenn sie uns ungefragt am Kopf anfassen! Ich selber allerdings traue mich nicht, Menschen anzuknurren. Ich unterdrücke den Impuls, weil ich es so gelernt habe.

Ich beobachte Esther am anderen Ende der Leine und merke sofort, dass auch sie es nicht schätzt, wenn ein wildfremder Mensch ihr zu nahe kommt. Ihr Körper versteift sich dann und ihr Geruch wechselt, wird beißender. Für mich ist das ein Aha-Erlebnis: Auch Menschen kommunizieren über Körpersprache. Aber ich habe den Eindruck, das ist ihnen nicht immer bewusst. Erstaunlich, was für ein Durcheinander in ihnen herrschen muss, wenn sie dauernd Signale aussenden und keine Ahnung davon haben, was sie da eigentlich tun.

Wir Hunde sind da viel klarer. Wir taxieren uns schon von Weitem ab und erkennen anhand der Körperhaltung unseres Gegenübers, ob wir Ärger kriegen, Ärger wollen oder eine stressfreie Bekanntschaft machen werden. Doch die Körpersprache ist nur *ein* Informationskanal für uns. Dazu kommen das Lesen von Gedanken und unser Geruchssinn. Was dünstet der andere aus? Angst, Wut, Aggression? Oder Freude, endlich einen Kameraden zu treffen? In meinen Genen sind die Grundzüge dieser Hundesprachen verankert, aber mir fehlen das Feintuning und die Übung mit Artgenossen.

Wenn wir auf andere Hunde treffen, riecht Esther oft unsicher, was sich sofort auf mich überträgt. „An dem muss was faul sein. Keine Angst! Ich verteidige dich!", denke ich dann zu Esther. Doch sobald ich mich entschieden habe, dominant aufzutreten, riecht sie plötzlich wütend – also, ich finde das verwirrend. Sie macht sich dann groß und postiert sich vor mich. „Selbstsicherheit hättest du auch vorher ausstrahlen können, dann wäre ich entspannter gewesen", schießt es mir in solchen Fällen oft durch den Kopf.

Vor allem, wenn sie gestresst ist, hat sie nicht auf dem Schirm, welche Signale sie gerade aussendet. Und meine Gedanken kann sie dann auch nicht lesen. Aber sie bemüht sich wenigstens, mich zu verstehen. Sie liest in einem Buch und ich höre ihr heimlich dabei zu. Da steht manchmal ganz schön Merkwürdiges drin. Zum Beispiel, dass ich mit meiner Muttersprache fix und fertig schon zur Welt gekommen sei. Na, so ein Unsinn! Dabei muss ich das meiste doch erst mühsam lernen! Liebevoll nenne ich Esther in Gedanken „meinen Schlaumeier".

***

Schmerz und Anspannung haben mich so lange Zeit begleitet, dass ich mich kaum noch daran erinnern kann, dass es einmal anders war. Auch wenn ich durch die Rituale meines neuen Alltags immer mehr Vertrauen und Sicherheit gewinne, bin ich mir nicht hundertprozentig sicher, ob alles so gut weiterlaufen wird wie bisher. Über die eineinhalb Jahre, in denen ich um mein Leben bangen musste, haben sich zu viele schlechte Erfahrungen aufgestaut. Ich lebe in einer ständigen Anspannung, und Anspannung heißt Adrenalin. Und Adrenalin fördert nur noch mein draufgängerisches Verhalten.

Einer meiner Lieblingsspaziergänge führt uns nach Budenheim auf der anderen Rheinseite und sorgt immer für ausgelassenen Badespaß. Am hinteren Ende des Parkplatzes befindet sich eine Rampe, von der kleinere Boote ins Wasser gelassen werden, daneben ist eine kleine, sandige Bucht. Hier treibt ein schwarzer Schwan sein Unwesen, fauchend und mit den Flügeln schlagend greift er jeden Hund an, der hier ins Wasser will. Nachdem ich dieses Schauspiel einmal beobachtet habe, ignoriere ich den Schwan und laufe lieber eine Bucht weiter. Außer Federn ist an dem blöden Vieh sowieso nichts dran, und von einem, der sich so in Rage steigert, lasse ich lieber die Pfoten.

Wir laufen wieder einmal den kleinen, schmalen Pfad am Rhein entlang, schlängeln uns durch dichtes Gestrüpp. Die winzigen Sandkörner fühlen sich weich und warm unter meinen Pfoten an. Angeschwemmtes Treibholz, ein Turnschuh, gut riechende alte Lappen und Plastikteile liegen herum. Wir springen über umgestürzte Bäume oder kriechen unter ihnen hindurch. Wenn der Rhein über die Ufer tritt und das Gestrüpp uns den Weg versperrt, waten wir durchs Wasser, bis wir „unsere Bucht“ erreichen. Ein idealer Ort, einen Stock zu apportieren. Nachdem ich einen geeigneten gefunden habe, schmeiße ich ihn Esther vor die Füße. Zum Glück ist sie heute nicht begriffsstutzig und wirft ihn mir ins Wasser. Ich hechte hinterher, das Wasser spritzt, schlägt Wellen, ein kleines Stück muss ich schwimmen. Kurz bevor der Stock von der Strömung des Rheins erfasst wird, erwische ich ihn. Zurück zu Esther. „Noch mal schmeißen!“ Nach einiger Zeit wird mir dieses Spiel langweilig, eine Ablenkung täte jetzt gut. Kaum habe ich diesen Gedanken zu Ende gedacht, kommt ein Labradorrüde durch die Büsche an *meine* Bucht stolziert. Der läuft so steif, als hätte er keine Gelenke in seinen Beinen. Das riecht nach Ärger.

Ohne Umschweife schieße ich ihm meine Gedanken entgegen: „Das ist mein Revier, wenn du dich unterordnest, darfst du vielleicht mitspielen. Sonst zieh Leine!“ Dieser große braune Kerl ignoriert, was ich ihm gerade gesendet habe, und macht sich nur noch steifer als zuvor. Ebenso hölzern schreite ich auf ihn zu und umrunde ihn. Da grunzt der: „Heh, du siehst aus wie ’ne Kuh, verschwinde! Dein Revier? Da kann ich nur lachen; ich bin hier jeden Tag und dich aufgeblasenes Vieh habe ich noch nie gesehen. Hau ab, sonst knallt’s!“ Meine Rute steil nach oben gestellt, bleibe ich vor ihm stehen. Kaum habe ich meine Schnauze auf seinen Nacken gelegt, dreht er sich ruckartig um und erwischt meinen linken Ohrlappen. Aua! Das tut weh! Im selben Moment ruft mich Esther zu sich.

„Du Mistkerl hast Glück, ich muss zu meinem Menschen, sonst hätte ich mich jetzt revanchiert“, schleudere ich ihm entgegen und drehe ab.

„Hau ab du Feigling, sonst vergesse ich mich noch!“, kläfft er mir hinterher.

Ich bin heilfroh, dass Esther mich gerufen hat. Zu einem wirklichen Kampf hätte ich nicht den Mut gehabt. Ich kann ja auch woanders baden. Mein Ohr brennt. Aus irgendeinem Grund rennt Esther den ganzen Weg zurück zum Auto. Ich hinterher.

Als ich im Kofferraum sitze, merke ich, dass mein linker Lauf blutverkrustet ist, der Geruch verunsichert mich. Esther kramt hektisch einen Kasten hervor, klappt mein Ohr auf meinen Kopf und wickelt es mit einer Binde fest. Dann wäscht sie meinen blutverschmierten Lauf mit einem nassen Tuch ab. Ich spüre ihre Sorge. Ich finde ihre Reaktion übertrieben. Ich habe klein beigegeben, mehr war doch nicht. Aber dass sie so ein Tamtam macht, hat vielleicht auch was Gutes: Wenn ich Glück habe, gibt es heute Abend eine Extraportion Fressen.

***

Kaum ist mein Ohr verheilt, treffe ich auf einen Stadthund, der sich für etwas Besseres hält, obwohl er nach wilder Straßenmischung riecht. Dieses Mal blute ich nicht so stark, aber der Eckzahn meines Gegners hinterlässt ein Loch in meinem Ohrlappen. Seitdem zieren zwei Narben meine Ohren, einmal links und einmal rechts. Dieser zweite Hund verfolgte mich sogar, als ich zu Esther zurücklief. Erst als die Faust meines Schutzengels auf seinem Kopf aufschlug, ließ er von mir ab. Ich habe Glück gehabt, so wahllos, wie sie ausgeholt hat, hätte der Schlag auch mich treffen können. In solchen Momenten sind Esthers Gedanken, ihre Körperhaltung und ihr Geruch glasklar auf nur einen Punkt ausgerichtet: Sie will mich beschützen.

Ich muss es zugeben: Ich pöbele gerne. Es muss ja niemand wissen, dass ich jedes Mal sofort zu Esther renne, wenn es ernst wird. In den Gedanken Esthers sehe ich ein Bild von mir auftauchen:

Ich trage eine schwarze Lederjacke mit Metallnieten und Ketten. Sie glaubt, dann wird keiner merken, dass ich manchmal ängstlich bin.

Absurd! Sie macht sich häufiger einen Spaß daraus, mich in Gedanken in menschliche Kleidungstücke zu stecken. Wenn mich ein schwarzer Ledermantel umhüllt, spiegelt es die Momente wieder, in denen ich auf Durchzug schalte, aber wenn ich mit einem Stock fröhlich wie ein Rodeopferd über die Wiesen renne, kleidet mich ein buntes Clownskostüm. Merkwürdig, wahrscheinlich ist das die Rache dafür, wenn ich mal wieder etwas Dummes gemacht habe. Aber solange ich das Zeug nicht wirklich anziehen muss, sind mir ihre Fantasien egal.

***

Es gibt auch schlimme Tage in meinem Leben. Ich habe auf die harte Tour gelernt, Schmerz zu unterdrücken. Nur wenn es unerträglich wird, traue ich mich, ihn zu äußern. Da sind zum Beispiel diese immer wiederkehrenden Schmerzen in meinen Ohren, das Zwicken in meinem Bauch und der unter meinem Fell kriechende Juckreiz. Das macht mich ganz kribbelig. Dann renne ich hin und her und schubbere laut winselnd meine Ohren auf dem Läufer. Je mehr ich sie auf dem Boden reibe, desto mehr tun sie weh und umso mehr schubbere ich. Wenn ich es gar nicht mehr aushalten kann, springe ich völlig verzweifelt in Esthers Bett. Sie hält mich dann fest in ihren Armen, um mich am Kratzen zu hindern. Normalerweise ist Festhalten für uns Hunde eine Bedrohung, mir aber tut es gut. Ihre Zuwendung lässt meinen Körper von Minute zu Minute mehr entspannen. Auch wenn ich neben Esther auf der Couch liege und sie ihre Hände auf mich legt, werde ich völlig ruhig. Am Anfang kribbelt es und dann wird alles in mir ganz warm – ein wunderbares Gefühl!

Wenn das Zwicken und Beißen in meinen Gedärmen den bevorstehenden Durchfall ankündigt, passiert das meistens nachts. Dann trete ich mutig an Esthers Bett und belle, erst zaghaft, dann immer lauter und durchdringender, bis ich endlich erhört werde. In Nächten, in denen sie wie ein Stein schläft, hilft mein Bellen nicht. Dann tigere ich um ihr Bett, belle dicht an ihrem Ohr, versuche ihr Gesicht abzulecken, komme aber nicht heran. Ich habe keine Wahl; ich muss Anlauf nehmen und – hops – stehe ich im Bett. Nachdem die erste Erschütterung keinerlei Reaktion bewirkt, galoppiere ich ein wenig auf der Bettdecke herum. Das Bett scheppert, die Matratze wabert und dann lecke ich mit meinem feuchten, riesigen Schlabber-Lappen ihr Gesicht ab. Endlich wacht sie auf! Jetzt aber schnell!

Ich sehe in ihren Gedanken ein Bild von mir auftauchen, in dem ich schmatzend aus einem Gebüsch komme. War das gestern das angebissene Käsebrot gewesen oder die halbe süße Zuckerschnecke? Mein Mensch vertritt ja die Auffassung, dass mein Durchfall mit den Dingen zu tun hat, die ich ab und an unterwegs aufstöbere. Aber das will ich nicht glauben. Auch ihre Gedanken, dass Tomaten, Zwiebeln, Weintrauben und Rosinen für uns Hunde Gift sind, ignoriere ich und tue es als

Besserwisserei ab. Wer das Glück hat, was Leckeres zu finden, muss es schnell herunterschlingen. Sonst ist ein anderer Hund schneller. Keine Zeit, Rosinen herauszupicken! Am schlimmsten ist es, wenn Esther mir etwas Leckeres wieder aus meinem Maul klaubt, bevor ich es hinunterschlucken kann.

Die ständigen Tierarztbesuche lassen mich jedes Mal von Neuem erstarren. Ist Esther begriffsstutzig? Die stechenden Nadeln, die Antibiotika, die Salben in meinen Ohren helfen nur für kurze Zeit, und dann fängt alles wieder von vorne an. Irgendwann hören die Besuche in diesen Praxen endlich auf und ich bekomme fortan kleine, runde Kugeln von Esthers Schwester Pia, die Homöopathin ist. Tatsächlich werde ich von Tag zu Tag ruhiger, meine ständigen Schmerzen verblassen. In dem Maße, in dem ich mich entspanne, beruhigt sich auch Esther. Ich fühle mich fantastisch, wie ein Phönix aus der Asche. Ich platze vor Lebensfreude.

***

Mit meiner Hilfe hat Esther schon einiges über Hunde gelernt. Aber immer noch gibt es Situationen, in denen ich spüre, wie unsicher und ängstlich sie reagiert. Auch mit einem Lob kommt sie so gut wie nie auf den Punkt. Sie ist viel zu langsam. Das bringt mich ganz durcheinander. Wenn sie mich ruft: „Jamie, zu mir!“, dann renne ich auf sie zu und mache Sitz – na ja, jedenfalls wenn ich nicht zu abgelenkt bin. Wenn ich gehorsam war, kramt Esther einen Fleischbrocken aus ihrer Tasche. Oft dauert das so lange, dass ich nicht weiß, wofür die Belohnung jetzt eigentlich gemeint ist. Für das Kommen, für das

Sitzmachen oder für das Warten? Doch es ist ein leckeres Spiel, deshalb mache ich begeistert mit.

Irgendwann hat sie begriffen, dass unsere Besuche auf der Hundewiese nicht ausreichen. Sie braucht erfahrene Hilfe, um mich besser lenken zu können. Also steht nun zwei Mal die Woche der Besuch bei einer Hundetrainerin auf dem Plan.

Wir halten an einem kleinen Parkplatz, der an eine Wiese grenzt. Mitten auf dem Feld steht eine Frau, wie ein Fels in der Brandung. Heute soll ich lernen, wie ein guter Hund zu hören hat. Ich verstehe nicht, wo das Problem liegt. Ich sehe ja sehr genau in Esthers Gedanken, was sie von mir will. Meistens bemühe ich mich auch, es so zu machen, wie sie es haben will. Aber ich bin wohl nicht sehr konzentriert. Wenn es mir zu anstrengend wird, auf Esther zu hören, nehme ich nur noch ein Rauschen in meinen Ohren wahr. Es liegt also nicht daran, dass ich nicht hören *will*, ich *kann* in bestimmten Situationen nicht hören.

Wenn bei Regen die Gerüche von Hasen-, Reh- und Wildschweinfährten schier vor meiner Nase explodieren – wie soll ich da meine Schnauze von den Duftspuren lösen? Da! Eine Maus! Wo ist sie hin? Der Ruf des Habichts, der Flügelschlag einer Wildgans dicht über meinem Kopf … So viele Reize! Schnell ist meine Aufnahmefähigkeit erschöpft.

Treffen wir dann auf einen anderen Hund, ist es um mich geschehen. Ich muss, komme was wolle, zu ihm. Esthers Kommandos und Bilder, die sie mir hinterherschickt, landen dann in einer der vielen Sackgassen meiner Hirnwindungen. Was soll ich tun? Ich will das nicht, es passiert einfach.

***

Ich habe den Menschen meiner Wünsche gefunden. So langsam begreift Esther, dass ich im Grunde meines Herzens ein Gewohnheitstier bin. Regeln geben mir einen sicheren Rahmen. Alles, was nach dem gleichen Schema abläuft, schenkt mir die Sicherheit, die ich für ein ausgeglichenes Leben brauche. Ich liebe die festen Zeiten, in denen wir Gassi gehen, und auch die kleine Gaumenfreude vor jedem Schlafengehen.

Mein größter Sieg ist, dass wir nun weniger Besuch bekommen. Diese Unruhe, die fremden Gerüche und die vielen Gedanken, die von diesen Menschen ausgehen, strapazieren mein dünnes Nervenkostüm. Ich sehe die Menschen wie in eine Wolke gehüllt. Manche Wolken sind hell wie Licht und der Geruch ist angenehm. Bei anderen ist sie verdichtet, dunkle Schattierungen bis schwarze Schlieren durchziehen sie wie Nebel. Bei diesem Anblick werde ich sofort unruhig. Das alles ist ganz schön stressig für mich. Am liebsten ist es mir, wenn wir in meinem neuen zu Hause zu zweit sind. Dann fühle ich mich in Sicherheit.

Esther ist für die festen Abläufe zuständig – und ich für die Überraschungen. Die berühmte Lücke erkenne ich schon kurz, bevor sie da ist. Sie vergisst, dass ich ihre Emotionen rieche und sofort bemerke, dass sie abgelenkt ist. Dann mache ich, was ich will.

***

Heute begleitet uns bei unserem Training ein einjähriger Vizsla-Rüde. Auf dem Programm steht Unterordnungstraining. Da bin ich dabei! Mit Feuereifer bringe ich dem anderen Rüden die Sache mit dem Unterordnen bei. Es läuft bestens. Aber warum schreien denn Esther und die Hundetrainerin denn dauernd so? Gab es eine Programmänderung ohne mein Wissen? Egal! Mein Adrenalinspiegel ist so hoch wie der Himmel. Das Einzige, was ich will, ist diesen Hund zu besteigen. Irgendwann haben die Zweibeiner genug. „Das hat heute keinen Zweck", höre ich die Trainerin sagen. „Jamie ist viel zu aufgeladen."

Esther stimmt ganz zerknirscht zu. „Ich lass ihn am besten noch ordentlich auslaufen, damit er müde wird." Und tatsächlich! Als wir uns trennen, darf ich noch eine Stunde über die Felder rasen. Hab ich meine Sache also doch gut gemacht?

Kurz bevor wir wieder bei unserem Auto angekommen sind, entdecke ich am äußersten Rand des Feldes einen Hund, der hinter einem Pferd herläuft. Das muss ich mir genau ansehen! Esther ist müde und in Gedanken schon wieder zurück in unserer Wohnung. Also ist der Weg für mich frei. Wie ein Blitz rase ich über das stoppelige Feld, Erdbrocken stieben auf. Schreit da jemand? Ich höre nichts, ich bin wie in einem Tunnel. Als ich mein Ziel fast schon erreicht habe, steigt das Pferd in die Höhe und rennt im wilden Galopp davon. Die Reiterin, eben noch hoch oben im Sattel, liegt am Boden. Die ganze Sache ist eine einzige Enttäuschung: Der Hund ist nur eine langweilige Hündin.

Wutschnaubend erreicht mich mein langsamer Zweibeiner, noch nie hat Esther so sauer wie in diesem Moment gerochen. Sie schmeißt mich auf den Rücken, packt meine Gurgel und starrt mir in die Augen. Jetzt bin ich geliefert! Meine Rute berührt meinen Bauch, ich bleibe bewegungslos liegen und schaue weg. Das sind eindeutige Signale, mehr fällt mir nicht ein. Vielleicht noch urinieren … aber das ginge dann wohl doch zu weit.

In meinem Kofferraum rolle ich mich zu einer kleinen Fellkugel zusammen. Der Wagen stinkt entsetzlich nach Esthers Wut. Hoffentlich bekomme ich heute Abend trotzdem noch etwas zu fressen. Ich besänftige sie, in dem ich ihr in Gedanken verspreche, so etwas nie wieder zu tun. Ich halte dieses Versprechen, auch wenn ich der Überzeugung bin, dass sie es nicht mitbekommen hat. Denn versprochen ist versprochen.

***

Esther: Jamie, verdammt – das hätte ins Auge gehen können! Stell dir vor, die Reiterin hätte sich verletzt – kaum auszudenken. Und was für ein Glück, dass das Pferd nach fünfzig Metern stehen blieb und nicht auf die Straße rannte!

Jamie: Das war doch nicht meine Schuld! Von dem Gaul wollte ich doch nichts. Warum sind Pferde nur so schreckhaft?

Esther: Wenn so etwas noch ein einziges Mal passiert, kommst du unters Messer. Zweimal die Woche gehen wir zum Hundetraining, damit du endlich lernst, das zu tun, was ich von dir erwarte. Und dann machst du so einen Mist!

Jamie: Meinetwegen können wir das mit dem Training auch lassen. Ich habe dir schon hundert Mal erzählt, wie das geht: Du musst das, was du willst, ausstrahlen, vollkommen klar sein und es mir mit deiner Körperhal-

tung eindeutig zeigen. Wie wäre es denn mal mit Zuhören? … Äh – unters Messer? Was meinst du eigentlich damit?

Esther: Die Kastration möchte ich dir ersparen. Falls du mich hören kannst, merke es dir gut: Eine zweite Chance bekommst du nicht.

Jamie: Ja ja. Aber jetzt ist auch mal gut. Ist ja nichts passiert. Ach je, es geht noch weiter …

Esther: Ich dachte, wir hätten es endlich geschafft, du bist ja auch viel ruhiger geworden. Aber dein Verhalten anderen Hunden gegenüber ist nicht akzeptabel. Jedes Mal, wenn wir auf einen fremden Hund treffen, bin ich in Alarmstimmung. Gibt es eine Keilerei oder kannst du dich heute benehmen?

Jamie: Ich bin nun mal ein dominanter Hund.

Esther: Ich weiß. Und genau dieses dominante Verhalten geht mir echt auf die Nerven. Dass du dich auf jeden Rüden stürzt, dessen Nase dir nicht passt, macht mir Sorgen. Zweimal bist du schon ernsthaft gebissen worden – und die Schuld dafür lag nicht bei den anderen Hunden!

Jamie: Echt? War da was?

Esther: Ich weiß genau, dass sich meine Anspannung auf dich überträgt, aber was soll ich tun? Meine Angst, dass du wegen deines Herumpöbelns wieder gebissen wirst, kann ich nicht abstellen.

Jamie: Ich kann doch nichts dafür, dass ich nichts mehr mitbekomme, wenn ich aufgeregt bin. Gibt es dafür keine Pille? Hallo! Esther! Pille???

Esther: Du bist wirklich wie ein Mensch mit ADHS. Deine Prägung in deinen ersten 18 Monaten ist ja ziemlich schiefgelaufen. Wir können nur versuchen, dass du so viel wie möglich nachholst. Du bist ja noch im lernfähigen Alter.

Jamie: Aber weggeben würdest du mich doch niemals, oder?

Esther: Natürlich nicht, du Dummkopf! Wenn du zufrieden mit der Welt in der Sonne liegst, oder mit anderen Hunden ausgelassen herumtobst, dann bin auch ich glücklich. Und dieses Glück wiegt alles andere bei Weitem auf.

4. Kapitel
Die Klangharfe

Ich gehe die geschwungenen Steinstufen hinauf, halte die Leine so kurz, dass Jamie eng neben meinem Bein läuft. Als ich vor der Eingangstür stehe, überlege ich: Soll ich aufschließen oder klingeln? Im selben Moment öffnet meine neue Praxiskollegin die Tür. Jamie weicht erschrocken einen Schritt zurück – aus dem Flur funkeln uns kleine grüne Augen an, Kater Tomi faucht, buckelt und sträubt seinen Schwanz; der kleine Kerl sieht aus, als ob er an eine Steckdose gekommen wäre. Bewegungslos starrt er uns an – es ist mucksmäuschenstill, die Luft knistert. Genau in dem Moment, in dem die Situation zu kippen droht, hebt meine neue Kollegin Tomi hoch und trägt den widerwilligen Kater in ein anderes Zimmer.

Jamie ist beeindruckt und ich bin einfach nur froh, dass er sich nicht auf den Kater gestürzt hat. Das wäre kein guter Einstand gewesen. Ruckartig zerrt Jamie mich zu dem Platz, wo Tomi gerade eben noch gesessen hatte, und schnüffelt. Ich bete, dass er nicht sein Bein hebt und die Stelle markiert. Dann ist Praxisbesichtigung angesagt: Wir laufen den Gang entlang, vorbei am Warteraum, dem Behandlungsraum meiner Kollegin, bis wir am hinteren Ende meinen eigenen Praxisraum betreten. Ich führe Jamie in diesem Zimmer herum, er soll wissen, wo ich bin, wenn er oben im Büro auf mich wartet. So, fertig mit Erkunden. Ich gehe mit Jamie in den oberen Stock und lege meine Jacke in seinen Korb. So weiß er, dass dies nun sein Platz ist. Ich streichle ihn noch einmal und verschwinde wieder nach unten, wo mein erster Patient schon auf mich wartet.

***

Nachdem Jamie zu mir gekommen war, musste ich nicht nur privat, sondern auch mit meiner Praxis umziehen. In meinen alten Osteopathie-Räumen war es nicht möglich, einen Hund mitzubringen. Da kam das Angebot einer Kollegin gerade recht: Sie hatte ein Haus gekauft und es zu Praxis-, Büro- und Wohnräumen umbauen lassen. Platz genug war da – und auch Jamie war willkommen. Ich selbst hatte auch mal wieder Lust auf Kollegen, nachdem ich vier Jahre lang allein in meiner Osteopathie-Praxis gearbeitet hatte.

Schön wäre es gewesen, wenn ich zwei Wochen frei gehabt hätte, um mich in aller Ruhe um den Umzug zu kümmern. Aber Jamie hatte sich zu rasant in mein Leben katapultiert; die stundenlangen Spaziergänge mit ihm und die Tierarztbesuche kosteten viel Zeit; ich musste schon ganz schön zaubern, um keinen meiner Patienten zu vernachlässigen. Meine Terminpläne sind immer über viele Wochen ausgebucht und es kommt nicht infrage, Menschen, die Hilfe suchen, zu vertrösten. Der Wechsel in die Praxisräume der Kollegin schien eine gute und schnelle Lösung zu sein.

***

Vom ersten Tag an hatte ich das Gefühl, dass Jamie *mich* ausgesucht hat, und nicht ich *ihn*. Also muss er ja gewusst haben, auf was er sich einlässt, sagte ich mir. Der Plan war ausgeklügelt: morgens früh ein ausgedehnter Spaziergang mit ihm, dann Arbeiten in der Praxis, während Jamie oben im Körbchen schläft, langer Spaziergang während einer zweistündigen Mittagspause, dann wieder Ruhepause für Jamie, Arbeit für mich, am Abend noch mal Bewegung für uns beide. Mit der Zeit wollte ich meinen Tagesablauf noch mehr an Jamies Bedürfnisse anpassen, eine Verringerung meiner Arbeitsstunden würde auch mir selbst guttun. So weit die Theorie. Doch schon am ersten Tag und beim ersten Patienten zeigt Jamie, dass auch er seine Pläne hat.

Ich konzentriere mich auf die Blockade im Lendenwirbelbereich meines Patienten. Er liegt auf der Seite, in perfekter Drehung, punktgenau auf die Blockade eingestellt ich setze zum Einrenken an, als ich plötzlich ein Poltern an der Tür höre und aus meiner Fokussierung herausgerissen werde. „Na, das fängt ja gut an!“, denke ich. „Das sollte ich meiner Kollegin nicht erklären müssen, dass ich Ruhe brauche, um mich auf einen Patienten einzustellen.“ Die Klinke wird mit Kraft heruntergedrückt. Dann hört es sich so an, als würde jemand abrutschen und wild gegen die Tür springen. Nun schreckt auch mein Patient hoch. Wir hören ein Schaben und Kratzen – und dann steht Jamie in der offenen Tür. Freudestrahlend wedelt er mit seiner Rute und seinem ganzen Körper, als wäre er ein Wackelpudding. Bei seinem Anblick lachen wir beide, mein Patient und ich. Ich versuche, die Situation zu erklären: „Tut mir leid, das ist Jamie, er sollte oben im Büro liegen, aber das ist unser erster gemeinsamer Arbeitstag, er muss mich wohl vermisst haben."

Mein Patient sagt freundlich: „Der ist ja goldig, lassen Sie ihn ruhig hier, ich mag Hunde." Jamie legt sich in eine Ecke und ist ganz still. Er beobachtet mich beim Arbeiten – was er wohl denkt?

Im Vorfeld hatte ich mir Gedanken gemacht: Was würden meine Patienten sagen, wenn ein Hund mit im Behandlungsraum wäre? Aber meine Sorgen waren unbegründet, fast alle Patienten freuen sich, wenn Jamie im Behandlungsraum nach dem Rechten schaut. „Lassen sie ihn, er stört ja nicht", meinen die meisten. Unglaublich, wie Jamie im Handumdrehen die Herzen der Menschen erobert! Trotzdem will ich nicht, dass seine Anwesenheit zur Gewohnheit wird. Oben im Büro ist er die meiste Zeit in Gesellschaft der Sekretärin, und dort kann er sich ausruhen, bis wir wieder einen ausgedehnten Spaziergang unternehmen. Ruhephasen sind für Hunde schließlich genauso wichtig wie ausgelassene Streifzüge mit Kumpanen in der Natur.

Nur sehr selten trifft Jamies Neugier nicht auf Gegenliebe. Manche Erwachsene und Kinder haben Angst vor Hunden oder reagieren allergisch auf Hundehaare. Dafür habe ich großes Verständnis. Ich kenne und liebe Jamie, aber das muss ja nicht allen Menschen so gehen. Selbst in solchen Fällen ist sein ungestümes Erscheinen keine Katastrophe. Gleich an einem der nächsten Arbeitstage zeigte mir das ein weiterer Zwischenfall.

Der Patient war ganz erschrocken und verkrampfte sich. Ich stammelte so etwas wie: „Oh, das tut mir leid", schnappte mir Jamie und brachte ihn schnell ins Büro. Als ich wieder zurück im Behandlungsraum war, kam ich gar nicht dazu, mich noch einmal für die Störung zu entschuldigen. Ganz im Gegenteil, der Patient entschuldigte sich bei mir! „Als Kind bin ich gebissen worden und seitdem habe ich einfach Angst vor Hunden."

Natürlich habe ich mich bei ihm für sein Verständnis bedankt und konnte ihn beruhigen: „Heute wird Jamie nicht mehr versuchen, mich zu finden. Denn nun liegt der Kater vor der Tür, an dem traut er sich nicht vorbei."

„Der große Hund traut sich an einem Kater nicht vorbei? Unglaublich!", lachte mein Patient. Und ich lachte mit.

Bald weiß ich sehr gut, wer von meinen Patienten es nicht so toll findet, wenn Jamie im Behandlungszimmer reinschneit; es sind nur wenige. Oft sind es Kinder, denen der große Hund Angst macht. Wenn sie zur Behandlung kommen, sorge ich natürlich dafür, dass Jamie im Büro bleibt. Ein paar Mal ist es vorgekommen, dass niemand dort war, der sich um ihn kümmern konnte, und ich die Bürotür abschließen musste. Das war furchtbar für Jamie, doch das waren absolute Ausnahmen.

***

Ich will nun etwas zu meiner Arbeit erzählen: Als Osteopath gehe ich respektvoll mit den selbstregulierenden Kräften des Körpers um. Ich fühle mich in den Organismus meiner Patienten ein und höre dem Körper zu. Suche nach Blockierungen, um sie gegebenenfalls einzurenken. Ertaste Verspannungen des Gewebes, der Muskeln und Gleitflächen. Hierfür gibt es eine Vielfalt von Techniken. Zum Beispiel nähere ich die vom Patienten als schmerzhaft wahrgenommene Struktur so an, dass sie wieder in ein Spannungsgleichgewicht kommt. Oder ich verwringe die Verspannungen noch mehr und warte so lange, bis sie sich lösen. Auch Triggerpunke zu nutzen kann hilfreich sein. Zusätzlich prüfe ich das Flüssigkeitssystem und die gleichmäßigen Rhythmen des Körpers unter Berücksichtigung aller anatomischen Gegebenheiten. Indem ich verfestigte Strukturen löse, helfe ich dem Körper, den körpereigenen Informationsfluss wiederherzustellen. Immer aber ist es mein Ziel, die ursächliche Störung, die den Schmerz hervorruft, zu finden.

Im Wesentlichen besteht unser Körper aus Knochen, Muskeln, Organen, Bindegewebe – und Faszien. Das sind faserige Bindegewebsanteile, die zum Beispiel Muskeln, Knochen, Organe und Nerven umhüllen und ein körperweites, nicht-neuronales Kommunikationsnetzwerk bilden. Unser Körper ist also ein auf kleinste Nuancen aufeinander abgestimmter, hoch differenzierter Organismus, dessen einzelne Regelkreisläufe wie Zahnräder ineinandergreifen und der auf einen ungehinderten Informationsfluss bis in die kleinste Zelleinheit hinein angewiesen ist. Von seiner Grundkonzeption her kann der Körper des Menschen Störungen kompensieren, so dass er über lange Zeit beschwerdefrei funktioniert. Halten die Fehlmeldungen jedoch an oder nehmen gar zu, kommt der Körper an seine Grenzen. Die Anpassung an strukturelle Veränderungen kostet ihm mehr und mehr Energie, die der Selbstheilungskraft verlorengeht. Erst jetzt reagiert der Körper mit funktionellen Beschwerden und Schmerzen.

Zum Beispiel kann ein schlichtes Umknicken des Fußes mit der Zeit die Verspannung der gesamten Beinfaszie zur Folge haben – eine Folge der Kompensation, weil das Sprunggelenk auf Grund des Traumas nicht mehr voll beweglich ist. Kommt es dann noch nach dem Umknicken zu Magen-Darm-Beschwerden, mit Verfestigung der Gleitfähigkeit des Bauchfells, bleibt dem Körper kein Spielraum mehr auszugleichen, und er reagiert mit Hüft- und oder Rückenschmerzen. Die eigentliche Ursache wird vom Patienten oft gar nicht mit seinen Beschwerden in Verbindung gebracht, manchmal ist sie auch schon längst „geheilt" und vergessen.

Die Aufgabe des Osteopathen ist es, den Ursprung solcher Kettenreaktionen zu finden. Denn alle Faszien stehen miteinander in Verbindung – also Herzbeutel mit Brustfell, Bauchfell mit den Organen und Hirnhäute mit dem Nervengewebe. Ich habe in meiner Ausbildung natürlich viel über Anatomie, Physiologie und die Regelkreisläufe des Körpers gelernt – so wie jeder Medizinstudent auch. Das Wesentliche an diesem wunderbaren Beruf ist es aber, immer die Einheit von Körper, Geist und Seele zu berücksichtigen. Und gleichzeitig in kausalen Zusammenhängen zu denken: Was ist womit verbunden? Und was hat die Beschwerden ausgelöst?

***

In England erweiterte ich mein Wahrnehmungsfeld und lernte, wie wichtig es ist, mit dem Patienten in Resonanz zu gehen. Das hat nichts mit Esoterik zu tun. Jeder, der sich aufmerksam mit jemandem unterhält, versucht mit seinem Gesprächspartner in Resonanz zu gehen. Er nimmt Wort für Wort wahr. Aber durch die Resonanz – oder anders gesagt: durch das Mitschwingen mit seinem

Gegenüber – empfängt er auch die Information, die zwischen den Zeilen mitklingt.

Wenn ich mich auf meinen Patienten einstimme, geht auch der Patient in Resonanz und ich bekomme die Information vom Körper, wo das ursprüngliche Problem liegt, in mein Bewusstsein. Auch der Gesprächspartner muss in Resonanz gehen, um den Informationsaustausch zu ermöglichen. Manchmal gelingt das nicht ganz, dann werde ich nur zugetextet, und das ermüdet mich enorm.

Was genau nehme ich nun wahr? Im Gespräch sind es Worte und ihre Zwischentöne. Wenn ich einen Patienten untersuche, nehme ich seine Hemmungen, aber auch die Körpersprache und Schwingungen wahr. Dass Menschen Schwingungen ausstrahlen, kennt jeder: Wer verkrampft ist, wirkt ganz anders auf sein Gegenüber als jemand, der grundentspannt ist. Solche Schwingungen kann jeder spüren, dessen Wahrnehmungskanäle nicht verstopft sind. Solche Schwingungen übertragen sich immer, dagegen kann man gar nichts machen. Diese Übertragung ist der Grund dafür, dass man depressive Menschen, ohne nachzudenken, als anstrengend und ermüdend empfindet; manchmal ziehen sie einen regelrecht runter. Fröhliche Menschen dagegen machen einen beschwingt und leicht.

***

Warum erzähle ich das alles? Geduld: Die Erklärung, wie mein Beruf und der Umgang von Jamie und mir zusammenhängen, kommt gleich. Zuerst aber noch ein wenig mehr über meine Arbeit als Osteopathin.

Mit meinen Händen ertaste ich strukturelle Verfestigungen in den Faszien, dem Bindegewebe und den Gleitflächen von Organen, die zu Funktionsstörungen und Beschwerden führen können. Aber welche der Störungen bildet den Ursprung der Beschwerden, und was ist „nur" eine Folge?

Wenn ich in Resonanz mit einem anderen Menschen gehe, weite ich mein eigenes Feld, um die entsprechenden Informationen zu erhalten. Mit der Zeit habe ich gelernt, diese Informationen zu deuten. Ich erkläre mir das so: Rein physikalisch gleichen sich die elektromagnetischen Schwingungen von zwei Körpern an. Das Bild, das in meinem Kopf ist, sieht so aus: Je offener und feinfühliger jemand ist, umso höher schwingt er, je dichter und verfestigter er ist, umso niedriger schwingt er. Durch das aktive Mitschwingen mit dem Schwingungsfeld des Patienten schaffe ich eine Ebene der nonverbalen Kommunikation. Spüre ich zum Beispiel eine Kompression des Kreuzbeins mit einem deutlichen Zug Richtung Steißbein, kann ich meinen Patienten fragen, ob er in seinem Leben mal aufs Gesäß gestürzt ist. Meist bekomme ich eine Bestätigung dessen, was ich gespürt habe; denn auch wenn der Unfall Jahre oder Jahrzehnte zurückliegt, erinnern sich die Patienten daran. Es kann auch sein, dass ich auf Emotionen wie Trauer oder Angst reagiere, denn die Zellen unseres Körpers speichern solche Informationen ab. Auch in solchen Fällen frage ich nach, ob ich richtig liege. In der Behandlung kann ich dann verfestigte Strukturen entspannen oder ein Gelenk chiropraktisch einrenken. Das kann ein sanftes Berühren sein, aber auch mal ein deutlicher, schmerzhafter Ruck. Voraussetzung für diesen Prozess ist es, dass sowohl mein Patient als auch ich selbst unsere Wahrnehmungen nicht werten.

Manche Patienten sind skeptisch und haben sich unter einer osteopathischen Behandlung etwas anderes vorgestellt. Wenn sich mir dieses Gefühl überträgt („Was macht die da eigentlich mit mir?") und ich beginnenden Widerstand spüre, verändere ich meine Vorgehensweise und arbeite mehr chiropraktisch und etwas handfester mit den Faszien. Wenn aber der Patient Vertrauen entwickelt, beginnt die tiefere, sanftere Behandlung. Manche Patienten spüren während der Behandlung eine aufflackernde Wärme, ein Kribbeln. Einige wenige auch Schmerzen, es kann nach der Behandlung sogar zu einer vorübergehenden Zunahme der Beschwerden kommen. Oft jedoch braucht der Körper Zeit, um chronische Beschwerden zu regulieren.

***

So, und nun zurück zu Jamie. Erstens: Das Seelen-Lifting durch ein sehr gut aufgelegtes Wesen funktioniert auch zwischen Mensch und Hund. Jamie ist ein wirklicher Gewinn in meinem Leben. Er hilft mir mit unseren Spaziergängen und seinem fröhlichen Wesen dabei, zwischen meinen Arbeitszeiten wieder Kraft zu tanken.

Zweitens: Durch meine Arbeit bin ich trainiert, Informationen des Körpers meiner Patienten zu empfangen. Jamie stellte eine ganz neue Herausforderung für mich dar. Denn von meinen Patienten bekomme ich ein klares Feedback. Wenn ich sie frage, ob das stimmt, was ich gerade wahrgenommen habe, dann können sie mich unterstützen.

Bei Jamie klappt diese Kommunikation nicht so gut. Der Informationsfluss *von mir zu ihm* gelingt wunderbar: Wenn ich Jamie osteopathisch behandle, befinde ich mich auf sicherem Terrain; ich fühle, wo seine Verspannungen sitzen und wie er sich unter meinen Händen entspannt. Nur der umgekehrte Weg *von Jamie zu mir* birgt Probleme. Und zwar nicht etwa, weil der Informationsfluss in dieser Richtung nicht funktionieren würde. Jamie kann natürlich nicht reden, aber ich spüre sehr genau, was er fühlt – sogar viel besser als bei einem Menschen. Denn Hunde können nicht lügen! Sie sind immer authentisch und wägen ihr Verhalten nicht nach ihrem Vorteil ab. Sind sie nicht fantastisch, mit ihrer riesengroßen, verströmenden Herzensenergie!

Etwas ganz anderes stört den Informationsfluss von Jamie zu mir, und das bin ich selbst! Wenn ich Jamie mit meinen Gedanken etwas frage, empfange ich seine Antwort – und sofort drängelt sich mein Innerer Zweifler zwischen mich und Jamie und stellt seine Botschaften in Frage: Entspricht Jamies Antwort meinen eigenen Vorstellungen oder ist sie authentisch? Lese ich etwas in ihn hinein, was gar nicht da ist? Vermenschliche ich ihn? Und schon ist die Verbindung wieder abgerissen.

Ich erinnere mich noch gut an eine relativ simple Übung, die ich in London bei meinen Seminaren über Wahrnehmung erlebt habe. Es handelte sich um keine osteopathische Fortbildung, hier ging es um die allgemeine Möglichkeit, sein Wahrnehmungsfeld zu schulen.

Ich sitze auf einem Stuhl und direkt hinter mir meine Lernpartnerin. Sie soll an eine Pflanze denken, und ich versuche, die gedachte Pflanze in meinen Gedanken zu empfangen. Für einen Bruchteil einer Sekunde bekomme ich tatsächlich ein klares Bild einer blauen Iris. Und im nächsten Sekundenbruchteil meldet sich mein Störsender: „Bist du dir sicher? Es könnte auch eine Nelke, eine Tulpe, ein Strauch oder ein Apfelbaum sein. Eine Iris und dann auch noch blau – das hättest du wohl gerne." Ich bin verunsichert, obwohl das Bild direkt in mein Bewusstsein geflogen kam, ohne Umwege. Ich traue mich nicht, „blaue Iris" zu sagen, murmele etwas davon, dass es nicht geklappt habe. Meine Lernpartnerin sagt bedauernd: „Schade, dass du die blaue Iris nicht gesehen hast, ich hab mir echt Mühe gegeben, sie zu dir rüberzuschicken!"

Wenn wir in Resonanz gehen, empfangen wir über die *rechte* Hirnhälfte die gefühlte Information – dies ist der Teil des Gehirns, der für unsere Intuition, unser Gefühlsleben und für den kreativen Bereich steht. (Wissenschaftliche Untersuchungen beweisen, dass Menschen, die einen Zugang zu telepathischer Kommunikation haben, eine größere Hirnaktivität in der rechten Hirnhemisphäre zeigen.) So eine Botschaft fühlt sich an wie ein Blitzlicht. Leider fängt auch sofort unsere *linke* Hirnhälfte mit der Arbeit an: Sie ist für das logische, analytische Denken verantwortlich und bremst die Intuition aus.

Die Fähigkeit, Gedanken, Empfindungen oder Gefühle von einer anderen Person wahrzunehmen, wird auch als Telepathie oder Gedankenlesen bezeichnet. Für mich ist Telepathie die Stimme meiner Intuition. Und die funktioniert sehr gut – wenn mir nicht gerade der Innere Zweifler dazwischenfunkt.

***

Menschen, die mit Tieren zusammenleben, sagen oft: „Der versteht jedes Wort." Aber auch wir verstehen unsere Hunde. Ihre Körpersprache ist eindeutig und wenn wir unser Tier lieben (das heißt ja nichts anderes, als sich auf ein anderes Wesen mit ganzer Seele einzulassen), wissen wir intuitiv, was es uns sagen will. Mit Kindern, dem Partner, den Eltern und all den Menschen, die wir in unser Herz geschlossen haben, funktioniert die Intuition sehr gut, weil wir sie weniger infrage stellen.

Viele Naturvölker kommunizieren über diese Ebene. Aber wir Menschen in der westlichen Zivilisation sind von logisch-analytischem Denken geprägt und können uns von unseren konstruierten Weltanschauungen nur schwer lösen. Wir leben mit Regeln und Glaubenssätzen, die uns über Jahrtausende geprägt haben. Sie infrage zu stellen erfordert Mut und Neugier. Denn Glaubenssätze geben uns Halt im Leben. Sie helfen uns, mit all dem Wunderbaren, Unverständlichen, Erstaunlichen um uns herum umzugehen. Verlören die Glaubenssätze ihre Macht, könnten wir auch unseren Halt verlieren. Deshalb versuchen wir oft lieber erst gar nicht, aus unserem sicheren Kokon herauszutreten.

Ich versuche in meinem Beruf und auch im Umgang mit Jamie, die Wahrnehmungskanäle in mir offen zu halten, ohne meine Zugehörigkeit zur westlichen Welt zu verleugnen. Denn es muss nicht immer ein „Entweder-oder" sein, ein „Sowohl-als auch" ist ebenfalls möglich. Mein Ziel ist es, mich im Zuhören zu vervollkommnen. Der Franziskaner Peter Amendt hat es einmal sehr gut auf den Punkt gebracht: „Zuhören ist eine Kunst, die mehr braucht als zwei Ohren."

Jamie lebte sich schnell in das Praxisleben ein. Mit der Präsenz des Katers arrangierte er sich. Stand er unten im Flur und der Kater schritt genüsslich langsam die Treppe vom ersten Stock hinunter, wartete Jamie, bis Tomi in seinen Gemächern verschwunden war. Und wenn der Kater mal wieder lauernd vor der Tür des Büros lag, vertagte Jamie seinen Wunsch, mich zu besuchen. Ich staunte: Mein dominanter und draufgängerischer Hund hatte sich dem kleinen Kater untergeordnet.

War aber die Luft rein, ging Jamie auf Erkundungsreise. Einmal fand er im Keller das Vogelfutter vom letzten Jahr, fettiges, ranziges Zeug. Als ich zur Mittagspause ins Büro kam, war mein Hund verschwunden. Ich suchte überall, lief auch in den Keller. Dort fand ich Erbrochenes. Voller Sorgen rannte ich in die Küche und den Wohnraum meiner Kollegin. Niemand da, nur Tomi lag schlafend in der Sonne. Wo zum Teufel war Jamie? Ich rief meine Kollegin auf dem Handy an, erreichte nur die Mailbox. Ich aß nur eine Kleinigkeit, versuchte immer wieder, meine Kollegin zu erreichen. Das Haus war wie ausgestorben. Nach der Pause kam der erste Patient und ich musste weiterarbeiten. Es fiel mir sehr schwer, mich auf die Arbeit zu konzentrieren.

Abends endlich, nach dem letzten Patienten, lag Jamie in seinem Korb. Er hatte sich wieder übergeben. Es stellte sich heraus, dass meine Kollegin ihn ungefragt auf eine Einkaufstour durch Wiesbaden mitgenommen hatte. Stunde um Stunde hatte er durch die Stadt laufen müssen, von einem Geschäft zum anderen. Verdorbenes Vogelfutter und Stress – eine Kombination, die für eine durchwachte Nacht sorgte. Zum ersten Mal seit Langem mussten wir wieder einmal stündlich durch die Häuserfluchten Wiesbadens ziehen; Jamies Durchfall war blutig. Morgens um fünf lagen wir beide vollkommen erschöpft vor dem Kamin, den ich neu angefeuert hatte, da Jamie wie Espenlaub zitterte. Die einzige Möglichkeit, die mir in diesem Moment blieb, war ihm sein homöopathisches Mittel zu verabreichen.

Zuerst war ich noch wütend auf meine Kollegin. Sie konnte doch nicht einfach meinen Hund entführen! Am nächsten Tag war ich aber wieder zur Ruhe gekommen. Für Außenstehende war Jamie einfach nur ein fröhlicher Hund, seine gesundheitlichen Schwierigkeiten erkennt man ja nicht auf den ersten Blick. Statt es mir leicht zu machen und auf jemand anderen sauer zu sein, lernte ich aus Jamies Rückfall: Er hatte mir deutlich vor Augen geführt, auf welch wackligen Beinen Jamies Gesundheit stand. Ich musste einfach noch besser auf ihn aufpassen.

Im Laufe des nächsten Vormittags musste ich zwischen meinen Patienten noch stündlich mit Jamie rausgehen. Mittags schon schienen all seine Beschwerden in Luft aufgelöst. Bei unserem Spaziergang war er fröhlich und ausgelassen, als hätte es diese Nacht nicht gegeben.

***

Als meine Schwester Pia mich besuchte, brachte sie ihre Körperklangharfe mit. Neugierig darauf, wie sich die Schwingungen des Monochords anfühlen würden, legte ich die eineinhalb Meter lange und sechzig Zentimeter breite Harfe auf meinen Körper. Wenn man ihre Saiten anschlägt, werden die Töne von den Ohren (auditive Wahrnehmung) und auch über die Haut auf die Organe und den gesamten Körper übertragen (somato-sensorische Wahrnehmung). Als sich die Schwingungen zu einem wohligen Klangbild formten, kamen mir Bilder vom Delfinschwimmen auf den Azoren wieder in Erinnerung. Ich saß auf einem kleinen Schlauchboot in zwei Meter hohen Wellen. Mir war übel vom Wellengang und ich haderte mit mir. Sonne, Strand, Meer – danach sehnte ich mich. Stattdessen klammerte ich mich an einen Metallpfosten des Führerhauses, um nicht über Bord zu gehen. Die Insel Pico, von der wir aus gestartet waren, war nur noch am Horizont zu erahnen. Schon immer hatte ich Angst vor tiefem Wasser gehabt. Aber als der Guide einen Tümmler sichtete und sagte: „Ab ins Wasser mit euch!“, sprang ich als Erste hinein und schaute in die Augen eines riesigen Tümmlers. All meine Ängste waren verschwunden. Das Wasser um mich herum brodelte, ich war mitten in einem Delfinschwarm! Mein Körper vibrierte wie in Blubberwasser. „Mein“ Delfin verharrte kurz und glitt dann in die Tiefen des Ozeans ab. Ich war glücklich. So wie die Ultraschallwellen der Delfine durch meinen Körper gedrungen waren, durchdrangen auch die Schwingungen der Klangharfe meinen Körper und lösten Verfestigungen und Emotionen. Ich fühlte mich leicht und beschwingt.

Jamie hatte die ganze Zeit über Pia und mich interessiert beobachtet, nun lag er auf der Seite, die Klangharfe auf seinem Körper. Und tatsächlich! Er genoss sichtlich den gleichmäßigen Klang. Wie so oft berührte mich sein Vertrauen. Wie schaffte er das nur? Jamie antwortete auf seine Weise: Er schlief ein und lächelte.

***

So langsam wurden Jamie und ich ein eingespieltes Team. Doch während er in mir wie in einem aufgeschlagenen Buch las (nichts, rein gar nichts konnte ich vor ihm geheim halten), hatte ich Schwierigkeiten, *ihn* treffsicher zu verstehen. Das nervte mich. Also meldete ich mich zu einem Tierkommunikationskurs an.

Ein Erlebnis am Morgen, bevor der Kurs startete, nahm ich als gutes Omen. An diesem Morgen fuhr ich mit Jamie in meinen Lieblingswald bei Schlangenbad. Als er aus dem Kofferraum sprang, rannte er sofort wie vom Blitz getroffen los und verharrte am Fuße einer riesigen Eiche. Als ich ihn endlich eingeholt hatte, sah ich zwischen den Wurzeln der Eiche ein kleines gefiedertes Knäuel kauern, bewegungslos starrte es uns mit weit aufgerissenen Augen an. Ich näherte mich dem Tier, blieb aber mit zwei Meter Abstand vor ihm stehen. Eindeutig ein kleiner Kauz, er musste wohl aus dem Nest gestürzt sein, armer Kerl. Er sah süß und hilflos aus. Normalerweise denke ich in solchen Fällen nicht erst nach, sondern helfe sofort. Doch dieser kleine Kauz sah wirklich sehr erbärmlich aus, viel Leben war nicht mehr in ihm. Sollte ich der Natur ihren Lauf lassen? Die gut gemeinten Bemühungen von Tierfreunden können ja noch eine schreckliche Quälerei für ein dem Tod geweihtes Tier sein. Oben in den Zweigen der Eiche hatten sich schon hungrige Krähen freudig krächzend versammelt.

Jamie starrte den Kauz und dann mich an. Zur Vorbereitung für den Tierkommunikationskurs hatte ich einige Bücher gelesen. Warum sollte ich nicht einfach mal probieren, mich mit dem Tier zu verbinden? Ich versuchte mein Glück und „fragte“ ihn: „Willst du leben oder ist es schon zu spät für dich?" Ich weiß nicht wie, aber plötzlich *wusste* ich, dass er noch genug Lebensgeist in sich trug. Ich tat also etwas ganz anderes, als es mir meine Rationalität vorgeschrieben hätte: Ich rief die einzige passende Nummer an, die ich im Kopf hatte: die Apotheke im Ort. Der Apotheker rief den Förster an, und der Förster den NABU. Gut, dass in Schlangenbad eine Auffangstation für Wildtiere ihren Sitz hat! Es dauerte keine halbe Stunde, bis ein Wagen neben unserem hielt. Mit einem langen Handschuh, der ihr bis zur Ellenbeuge reichte, schritt die Frau vom NABU langsam auf den Kauz zu und hob das kleine Federknäuel auf. Matt um sich schlagend bewegten sich seine Flügel auf und ab. Mit all seiner verbleibenden Energie plusterte er sich auf und hackte zu. Der kleine Kerl hatte wirklich noch Kampfgeist. Die Krähen gingen leer aus.

Zwei Monate später bekam ich einen Anruf vom NABU, der kleine Kauz hatte es tatsächlich geschafft und konnte wieder ausgewildert werden.

***

Für unsere Fahrt zum Kurs hatte ich glücklicherweise einen Zeitpuffer eingeplant, so kamen wir gerade noch rechtzeitig in den Seminarraum. Jamie lag neben mir in seinem Korb, ich spürte seine Präsenz. Zuerst lernte ich, dass Menschen die Welt mit unterschiedlichen Sinnen wahrnehmen. Gemeint sind hier nicht die offensichtlichen Sinne, es geht zum Beispiel nicht um das Sehen mit den Augen, sondern um ein inneres Sehen. So wie unsere „normalen" Sinne, mit denen wir unsere materielle Umwelt erfassen, gibt es auch fünf innere Sinne. Das innere Sehen, das innere Hören, das innere Fühlen stehen im Vordergrund, dann folgen der innere Geschmackssinn und der innere Geruchssinn.

Es war mir vorher nicht klar gewesen, dass Menschen einen bevorzugten Sinn haben, über die sie Informationen jenseits ihrer „äußeren Kanäle“ empfangen, also zum Beispiel mit ihren Tieren kommunizieren. Wenn man sich (zum Beispiel durch Meditation) in einen körperlichen Ruhezustand bringt und sich eine Zitrone vorstellt, erfährt man, welche innere Sinneswahrnehmung bei einem selbst im Vordergrund steht. Die meisten von uns haben ihre Farbe und ihre etwas runzelige Oberfläche buchstäblich vor Augen – das sind die Menschen, die innerlich über den Sehsinn kommunizieren. Das scheint das Normale zu sein, es ist aber nicht ausschließlich so bei allen Menschen. Manche spricht das taktile Gefühl an. Ist die Zitrone weich, hart? Lässt sie sich zusammendrücken? Es gibt sogar Menschen, die Informationen über den Geruchs- oder gar Hörsinn empfangen: Wie riecht die Zitrone? Oder: Was macht sie für ein Geräusch, wenn man sie in den Händen rollt oder aufschneidet? Jetzt wird mancher sagen: So ein Unsinn! Ein kleines Gedankenexperiment zeigt uns aber, dass das gar nicht weit hergeholt ist. Allein durch die bloße Vorstellung, sich Zitronensaft in den Mund zu träufeln, entsteht ein Speichelfluss – der Geschmackssinn wird angeregt, und zwar allein durch etwas Nicht-Greifbares wie die Idee von Zitronensaft im Mund.

In meiner Sinneswahrnehmung geht es mir wie vielen Menschen. Ich nehme visuell war, das heißt, ich sehe Bilder in meinem Kopf. Manchmal fühle ich eine Emotion meines Gegenübers, und nur ganz selten rieche ich eine

Information, zum Beispiel einen modrigen Gestank von Kot, wenn Jamie einen bestimmten Weg partout nicht entlanggehen will.

***

Endlich ging es im Kurs um unsere Hunde. Jamie legte sich ohne Aufforderung in die Mitte der Runde. Ich verstand seine Geste sofort und ließ mich von ihm auf eine Reise mitnehmen. Er führte mich über weite Wiesen, und wenn wir auf einen Menschen oder einen Hund trafen, sah ich wie durch seine Augen diese Menschen und Hunde in Dunstwolken gehüllt. Manche Wolken machten mir Angst und andere interessierten mich nicht, je nach Farbe, Größe und Verdichtung. Ich roch nicht nur ihre Ausdünstungen, ich sah die Menschen wie in einem Luftballon, erkannte ihre Absicht und ihre Ängste.

Wie abgefahren war das denn! Ich sah, roch und fühlte all dies tatsächlich, als ob ich Jamie wäre. Ich schaute ihn an und er grinste – Dalmatiner können wirklich grinsen –, als ob er sagen wollte: Gar nicht so schlecht für den Anfang. Begreifst du jetzt, was ich alles kann?

In der nächsten Übung legte unsere Kursleiterin Fotos von verschiedenen Tieren in die Mitte. Ich wählte die Rabenkrähe aus. Sie nahm mich mit auf eine euphorische Flugreise. Trudeln, steil nach unten schießen, blitzschnelle Wende mit Punktlandung auf einem Ast. Ich fühlte mich wie eine Majestät in den Lüften – unbezwingbar.

Aber als ich dieses beeindruckende Erlebnis den Kursteilnehmern erzählte, meinte die Leiterin: „Leider *kann* die Rabenkrähe gar nicht geflogen sein! Denn sie lebt bei mir in einer Vogelvoliere, weil sie sich unheilbar einen Flügel gebrochen hat." Erstaunlich! Gerade unsere Kursleiterin glaubte mir nicht. Ich weiß nur eines: Ich habe durch die Krähe die Welt von oben gesehen, bin in den Höhen dahingeglitten, wie mit einem Gleitschirm. Wie ein ganz normaler Tagtraum hat es sich nicht angefühlt. Auch ich kann mich nur wundern, weiß aber – egal ob das jemand gut findet oder verurteilt: Es war unglaublich beglückend, mit dieser Krähe fliegen zu dürfen. Wer weiß, vielleicht träumt sie ja jeden Tag von der freudigen Erinnerung des Fliegens?

***

Esther: Ganz schön abgehoben, im wahrsten Sinne des Wortes … Nicht wahr, Jamie?

Jamie: Finde ich überhaupt nicht. Ich selbst mache mein ganzes Leben nichts anderes, als meinen Sinnen zu vertrauen.

Esther: Für uns Menschen ist es aber sehr schwer, die Grenze zwischen Traum und Wirklichkeit zu ziehen. Sie ist fließend und nicht immer erkennbar. Und wer sagt denn, dass ich nicht einfach nur viel Phantasie habe? So mancher wird witzeln: Was die genommen hat, will ich auch haben …

Jamie: Seit wann interessiert es dich denn, was andere Leute sagen?

Esther: Hmm, ich bin jedenfalls beeindruckt von dem, was mir der Tierkommunikationskurs gezeigt hat. Und ich bin beeindruckt, was du alles siehst, fühlst und riechst. Sehen andere Hunde auch diese Auren um andere Hunde und Menschen?

Jamie: Keine Ahnung, für mich ist es jedenfalls so. Begreifst du jetzt, warum ich manchmal so hitzig reagiere? Ich fand es übrigens gut, wie du dich mit den anderen Hunden ausgetauscht hast.

Esther: Ja, das waren die reinsten Plaudertaschen! Rudolf, der Pudel, hat panische Angst, dass ihn das gleiche Schicksal trifft wie diese halb geschorenen und mit Fellresten aufgeplusterten Königspudel in den Rassenzeitschriften. Er will auch kein Schoßhund sein, er will rennen und toben wie große Hunde und sich in Schlammpfützen wälzen und Hasen jagen. Micki, der Berner Sennenhund, wollte nur unter vier Augen mit mir sprechen; die vielen Menschen verunsicherten ihn. Im Grunde seines Herzens fühlt er sich klein, selbst vor den Mäusen im Garten fürchtet er sich. Am liebsten wäre er ein kleiner Rehpinscher, dann könnte er es sich auf dem Schoß seines Menschen gemütlich machen und sich sicher und geborgen fühlen. Und Antonia will einfach immer mit. Allein zu Hause hat sie ein wenig Angst. Hab ich es richtig getroffen?

Jamie: Ziemlich perfekt. Nur bei Antonia liegst du nur zur Hälfte richtig. Sie hat nicht wirklich Angst, ihr ist nur sterbenslangweilig.

Esther: Na, aber für den Anfang war das doch ganz gut, oder? Und ich lerne ja mit deiner Hilfe noch jeden Tag dazu.

5. Kapitel
Laila

Die Sonne steht bereits im Zenit, ich bin froh, endlich draußen zu sein. Alles riecht nach Frühling. Mit Esther gehe ich den Weg, den wir schon hundertmal gegangen sind: eine asphaltierte Straße, die durch den Wald führt. Rechts davon führen kleinere Trampelpfade tiefer in den Wald, in dem sich riesige Sandhügel verstecken. Ich renne auf einen von ihnen los und bin als Erster oben. Von hier aus kann ich weite Strecken überblicken – aber nichts bewegt sich, der Wald scheint wie ausgestorben. Schnell herunterrennen, hops, über einen Baumstamm, um gleich den nächsten Hügel zu erklimmen; auch hier niemand in Sicht. Dann eben doch mit dem langsamen Zweibeiner Stöckchen spielen …

Nun geht's weiter zur Wiese. Wir haben sie schon fast erreicht, da steigt mir ein betörender Duft von Patschuli und Amber in die Nase. Wie von Sinnen renne ich los, und da steht sie: eine Wüstenblume mitten in satter, grüner Wiese. Eine Hündin, so groß wie ich – der Funke springt sofort über. Kurz stoppen, Vorderpfoten nach vorne stemmen, Oberkörper nach unten neigen, um sie herumspringen und dann lossprinten. Was für ein Spaß! Wir hopsen, rennen, rempeln, schlagen Haken und lassen uns ins Gras fallen. Robben langsam aufeinander zu, rollen auf den Rücken, knabbern zart an unseren Halsfalten und stecken die Schnauzen ineinander. Kurz bevor meine Sinne schwinden, rennen wir wieder über die Wiese, schlagen krachend unsere Brustkörbe gegeneinander, galoppieren im Kreis, um im gleichen Atemzug wieder genüsslich knabbernd auf der Wiese zu liegen.

Laila hat die Farbe der Steppe und ist schneller als der Wind. Ich weiß nicht, wie ich auf die Idee komme, aber ich weiß genau: Wenn sie will, kann sie Löwen jagen. Für mich aber ist ihr Geruch das Allerschönste an ihr. Sie ist die Hündin meines Traumes, den ich unter dem Apfelbaum hatte. Endlich haben wir uns gefunden.

Wie in Watte gehüllt vernehme ich aus weiter Ferne den Ruf meines Namens: „Jamie, komm! Wir müssen gehen." Ich überhöre den Ruf, schaue mich aber nach kurzer Zeit um, da Esthers Geruch immer schwächer wird. Ganz hinten am Ende des Weges sehe ich sie gerade noch um die Kurve biegen. Noch nie hat sie mich so eiskalt stehen lassen! Ich sende meiner Auserwählten schnell noch ein Bild, in dem wir uns morgen hier wiedertreffen, und renne hinter Esther her.

***

Es ist ein Kinderspiel für mich, Esther dazu zu bringen, in ihrer Mittagspause nun immer denselben Weg zu laufen. Im Wünschen bin ich ja ein Meister und im Tierkommunikationskurs hat sie sich nicht allzu dumm angestellt. Ich glaube, es ist ihr noch nicht einmal bewusst, dass sie mit ihrer Regel bricht, möglichst abwechslungsreiche Wege für unsere Mittags-Spaziergänge auszuwählen. Doch auch wenn alles von meiner Seite aus wie geplant läuft, treffen wir Laila nicht wieder. Mehrere Tage hintereinander warte ich auf der Wiese vergebens. Wenn es Zeit ist zu gehen, trotte ich mit hängendem Kopf hinter Esther her. Sie wundert sich, dass ich sie nach diesen Spaziergängen nicht mehr im Behandlungsraum besuche, aber ich bleibe nun lieber oben im Büro in meinem Korb und träume von meiner Wüstenblume, meiner Löwenjägerin. Es ist mir auch egal, ob der blöde Kater vor der Tür liegt oder nicht. Solche Kleinigkeiten interessieren mich nun nicht mehr.

Ich muss Laila unbedingt wiedertreffen. Vermisst sie mich? Oder gibt es etwa einen anderen Rüden in ihrem Leben? Gerade habe ich mich in einen Traum hineinkatapultiert, in dem ich einen Rivalen zerfleische, als Esther in der Tür auftaucht. Eine Patientin musste kurzfristig absagen – Zeit für einen kleinen Extra-Spaziergang. Hastig springe ich in meinen Kofferraum, und genauso ungeduldig springe ich wieder heraus. Auf dem Weg zur Wiese renne ich einige Meter vor und wieder zurück. Warum ist Esther auf ihren zwei Beinen nur so verdammt langsam? Fünfmal hin und her rennen, und dann endlich nehme ich Lailas lang vermissten Geruch wahr. Er strömt durch jede Zelle meines Körpers, jetzt kann ich beim besten Willen keine Rücksicht mehr auf diese menschliche Schnecke nehmen. Berauscht vom Duft sprinte ich los und schieße wie ein Blitz auf die Wiese. Laila dreht sich im Kreis, einmal, zweimal, Vorderpfoten nach vorne, eine kurze Verbeugung und los geht es. Diese eine Woche, in der ich sie nicht sah, war eine verlorene Zeit.

Seit diesem Tag sehen wir uns fast bei jedem Spaziergang. Esther und Elke, die Frau, mit der Laila zusammen kommt, verabreden sich immer wieder, weil sie sehen, wie gut Laila und ich harmonieren. Wenn meine neue Freundin und ich uns endlich treffen, hopsen und rennen wir gemeinsam um die Wette und schmeißen uns ins Gras, wenn wir außer Atem sind. Unsere Freude aneinander hat etwas Unstillbares. Ich bin glücklich, so glücklich wie nie zuvor.

***

In Esthers Gedanken sehe ich, dass Laila ein Rhodesian Ridgeback ist, sie gehört zu einer Rasse, die für die Jagd auf Löwen gezüchtet wurde. Kein Wunder, dass ich in meinem Träumen gesehen habe, wie sie sich mutig an Löwen heranwagt! So mutig und stark sie sein können, sind Ridgebacks doch sehr sensibel. Sie können noch nicht einmal ihr Geschäft verrichten, wenn jemand zuschaut. Und wenn sie einmal ihr Herz an einen Menschen verschenkt haben, dann ist es für immer. Einen treueren Hund findet man kaum.

Als Laila und ich uns wieder einmal nach ausgiebigem Rennen völlig außer Atem neben unsere Zweibeiner werfen, bekomme ich den letzten Fetzen ihres Gesprächs mit: „Ich überlege es mir“, sagt Esther. *Was* will sich Esther überlegen? Obwohl ich mir Mühe gebe, jeden einzelnen Gedanken in ihrem Kopf als Bild zu empfangen, wird mir nicht klar, um was es geht. Ich bin einfach zu abgelenkt, meine Wüstenblume hat Vorrang, schon hechte ich ihr wieder hinterher.

Schnell habe ich heraus, was Esther meinte, schließlich kann ich wie in einem Buch in ihr lesen. Auf einem unserer nächsten Spaziergänge klingelt dieses kleine Ding, das sie auf unseren Spaziergängen immer bei sich trägt. Sie redet mit ihm, eine entsetzliche Angewohnheit, an die ich mich nur mit Widerwillen gewöhnt habe. Zu Hause toleriere ich es, aber bei unseren Spaziergängen soll ihre Aufmerksamkeit mir gehören, das ist doch nicht zu viel verlangt! Das Ding verschwindet in ihrer Jacke und sie lächelt. Mit dem Lächeln sehe ich das Bild meiner Wüstenblume in ihren Gedanken: „Was hältst du davon, wenn Laila bei uns einzieht?"

Ich springe an ihr hoch, zerfetze dabei ihre Jacke und hopse wie eine Sprungfeder auf und ab, bis ich die Stimmung vernehme, die ihre Worte umhüllen: „Du hast es ja schon entschieden." Ja, ja, ja! Besser heute als morgen! Dass Laila für immer bei uns ist, wünschte ich mir von ganzem Herzen schon in dem Moment, als ich sie das allererste Mal mitten in der Wiese stehen sah. Seitdem begleitet mich ihr Geruch in den Schlaf, in meinen Träumen liege ich schon lange mit ihr in meinem Korb. Ich sah das Bild so klar, deutlicher ging es nicht. Das konnte kein Irrtum sein! Ungeduldig wie ich nun einmal bin, will ich, dass wir Laila gleich – auf der Stelle – jetzt sofort – abholen.

***

Gefühlte hundert Hundejahre muss ich warten. Und dann endlich ist es so weit.

Diesmal kommen wir aus der Richtung, aus der Laila immer den steilen Hang hinaufsprintet; freudig, spritzig und hoffend, mich oben zu treffen. Der asphaltierte Weg ist an einer Seite von einem kleinen Bachlauf begrenzt, dreimal hin und her rennen und dann ist auch meine menschliche Schnecke an dem kleinen Pfad angelangt, der sich rechts den Berg steil hinaufschlängelt und von dichten Sträuchern gesäumt ist. Auf der Erde rieche ich die frischen Ausdünstungen von Lailas Pfoten. In Windeseile schieße ich den Hang hinauf – und da steht sie, mitten in der Blumenwiese, und riecht betörender denn je. Eine zurückgelassene Lammkeule würde ich links liegen lassen, so verzaubert bin ich von ihrem Geruch und der Freude, dass mein Traum heute in Erfüllung geht. Aufgekratzt hopse ich um sie herum, verbeuge mich kurz, und schon drehen wir in wilder Jagd unsere Runden.

Die Wiese ist wie in einen magischen nebelhaften Schleier gehüllt. Die Bäume winken uns mit ihren hängenden Ästen zu, kleine hüpfende Wesen springen freudig im Gras herum.

Worauf warten wir denn? Die Frau, bei der Laila wohnt, riecht merkwürdig, sie macht den Eindruck, sie könnte jederzeit umkippen. Aber das scheint nicht der Grund dafür zu sein, dass immer noch etwas Unentschiedenes in der Luft hängt. Es fehlt noch jemand. Endlich stößt auch Pascale, Esthers Hundetrainerin, zu uns. Sie trainiert Esther immer noch jede Woche, schneller, konsequenter, klarer und durchsetzungsfähiger zu werden. Mein Zweibeiner hat sie zu diesem Treffen dazugebeten, denn sie ist sich unsicher. Typisch Esther! Sie ist voller Sorge, denn sie meint, noch so einen Wildfang wie mich nicht verkraften zu können. Wildfang? Ich? Ich weiß echt nicht, was sie sich da zusammendenkt. Ich bin doch immer super-brav! Und ein zarteres, zerbrechlicheres Wesen als Laila kann man sich kaum vorstellen. Hat Esther denn keine Augen im Kopf?

Mir ist klar, dass sich in den nächsten Minuten meine weitere Zukunft entscheidet. Schon jetzt sind Laila und ich geradezu unzertrennlich, soll diese Verbindung nun wieder zerschnitten werden? Pascale begutachtet meine Wüstenblume und kommt zum Schluss: „Sie passen perfekt zusammen." Mir wird vor Freude flau im Magen. Lailas Besitzerin ist ganz weiß im Gesicht, sie muss auf dem Rückweg gestützt werden. Ein ganz schlechter Zeitpunkt für einen Schwächeanfall, finde ich. Womöglich entscheidet sich meine Wüstenblume, bei ihr zu bleiben, doch ehe ich mich versehe, sitzen wir beide im Kofferraum meines Jeeps. Die bleiche Frau stellt noch auf dem Rücksitz meines Autos eine Tasche ab. Dann ist sie fort. Laila ist besorgt; dass dies eine Trennung für immer ist, hat sie noch gar nicht mitbekommen. Ich schweige.

Vorhin auf der Wiese habe ich Pascales Gedanken aufgeschnappt: „Wenn ein Hund sein geliebtes Zuhause verlassen muss, bewältigt er die Trauer besser, wenn er seinem Vorbesitzer nicht mehr begegnet. Und vertraute Dinge sollte er auch nicht mitbekommen." Aber sie traut sich nicht, die Tasche, die nach Elke und Laila riecht, verschwinden zu lassen. Also liegt es an mir, Laila die kommenden Tage leichter zu machen.

Ich springe mit Jamie in seinen Kofferraum, alle Decken riechen fantastisch nach ihm und übertünchen den beängstigenden Geruch von Elke. Wenn ich sie heute Abend wiedersehen werde, ist der hoffentlich verflogen. Ich schaue ihr nach, wie sie die Straße entlanggeht.

Ich lecke Lailas Hals, die Ohren, und schon riecht sie entspannt. Sie springt freudig mit mir aus dem Kofferraum, hopst in meinen Garten und ich zeige ihr, wo die saftigen Grashalme wachsen. Sie frisst einige davon und dann rennen wir quer über die Wiese, hoch zur Terrasse, um gleich wieder durch das Gebüsch zurück zur Wiese zu sprinten. Beim Wieder-hoch-Rennen erwische ich fast ihre Halsfalte, sie schlägt einen Haken, rennt wieder zur Wiese herunter und landet erschöpft im Gras, schließt ihre Augen und riecht glücklich. Ich beobachte sie eine Zeit lang, wie sie vollkommen entspannt in der Sonne liegt, und bewundere ihr weizengoldenes Fell.

Ich muss ihr unbedingt meinen großen Quietsche-Bär zeigen. Wo hat der sich denn wieder versteckt? Ich laufe durch jedes Zimmer und schaue in allen drei Körben nach und dann rieche ich ihn. Er liegt in der Ecke des letzten Zimmers. Ich nehme Anlauf und erwische ihn lauthals quiekend. Hey nicht so laut, sonst wacht sie noch auf, bevor ich dich auf den Rasen schaffe! Ich schleife ihn über die Terrasse, durch die Lücke im Gebüsch auf die Wiese und Laila öffnet ihre Augen genau in dem Moment, als ich zubeiße – quwick, quiek, quiek, quwack – sie hebt den Kopf, reckt ihren Hals und ehe ich mich versehe, beißt sie zu – quwick, quiek, quick, quwack – schmeißt ihn in die Höhe und springt mit ihrem vollen Gewicht drauf. „Hey, mach mir die Quietsche nicht kaputt, ohne die ist der Bär doch langweilig!"

Ich hopse um Laila herum, ergreife eine günstige Gelegenheit und packe zu, renne auf die Terrasse, doch kaum wägen wir uns in Sicherheit, holt uns Laila ein, packt ein Bein und ich höre ein lautes „Kratsch" … Hoffentlich kann Esther meinen Lieblingsbären wieder zusammenflicken.

Der Geruch von frisch gekochtem Fleisch lenkt mich ab. Blitzschnell renne ich in die Küche und schiele auf den Herd. Fast hätte ich eine Mahlzeit verpasst! Bis jetzt ist Fressen immer das Allerwichtigste für mich gewesen, nun ist Laila es. Sie krempelt mein Leben komplett um! Mein Fressgestell steht auf der Terrasse, mit zwei Näpfen, die in der Luft hängen. Das ist bequem, da muss ich mich nicht bücken. In einer der Schalen ist immer frisches Wasser. Aber ab heute fressen wir gemeinsam, einer links und einer rechts. Ich inhaliere mein Fressen in alter Gewohnheit und linse dann in Lailas Napf, traue mich aber nicht, ihr zu helfen. Zufrieden kringeln wir uns dann eng aneinander geschmiegt in meinem Korb und genießen die letzten Sonnenstrahlen, die sanft, fast schon streichelnd unser Fell wärmen.

***

Erschöpft von den Ereignissen des Tages ziehen wir ins Wohnzimmer um. Mein Korb steht in einer Ecke gegenüber dem Kachelofen. Laila ist schon eingeschlafen, ich lege vorsichtig meine Schnauze an die ihre und sauge ihren lieblichen Duft ein. Esther sitzt auf der Couch und liest. Normalerweise lasse ich mir solche Gelegenheiten nicht entgehen, eng an ihrer Seite liegend langsam in den Schlaf zu dämmern. Heute aber weiche ich nicht von Lailas Seite.

Die meisten Menschen würden niemals den Gedanken akzeptieren, dass sich auch Tiere verlieben können. Merkwürdig! Dabei heißt „sich verlieben“ doch nichts anderes als: beisammen sein wollen, füreinander da sein wollen. Und es gibt ja wohl kaum einen Zweifel darüber, dass manche Tiere wie füreinander gemacht sind; sie liegen einfach auf derselben Wellenlänge. Wenn sie beieinander sind, fühlen sie sich wohl. Wenn sie auseinandergerissen werden, ist das die Ursache für großes Leid. Ich jedenfalls bin in Laila verliebt. Ich möchte ohne sie nicht mehr sein. Nun wo wir zusammen im Korb liegen, ist alles gut.

Schemenhaft kommen mir Bilder von meiner Zeit bei der anderen Familie in den Kopf. Als ich unter dem Apfelbaum frieren musste und im Schuppen verprügelt wurde, schien mein Leben keinen Sinn zu haben. Dann wurde ich von Esther gerettet und ich war glücklich. Ich hatte keine Ahnung, dass es eine Steigerung dieses Gefühls geben könnte. Nun, mit Laila neben mir, platze ich fast vor Glück. Alles ist gut. Besser geht es nicht mehr.

Doch schon ein paar Minuten später zeigt sich, dass es nicht damit getan ist, wenn *ich* glücklich bin. Auch Laila müsste glücklich sein. Aber das ist sie ganz und gar nicht.

***

Kaum ist Laila eingeschlafen, erwacht sie wieder, steht auf und läuft suchend durch alle Zimmer. Immer, wenn ich ihr ein Bild sende, dass ihr neues Zuhause jetzt bei mir ist, will sie davon nichts wissen. Vor unserer Eingangstür bleibt sie stehen und jammert und winselt zum Erbarmen. Selbst als ich ihr verspreche, dass sie meine Reste im Fressnapf auslecken darf, wird sie nicht ruhiger. Der Stress blockiert ihre Empfangskanäle und ihre Gedanken hüllen sich in Nebel. Ein dünner Faden des Bildes von der Frau, die vorhin fast umgekippt war, dringt in mein Bewusstsein. Ich konzentriere mich auf Laila, ihre Gedanken spiegeln sich in meinem Kopf wieder:

Wo bin ich, wo ist mein Mensch? Diese Unruhe in mir nimmt mir den Atem. Mein Körper zittert, obwohl ich nicht friere. Ich muss vor dieser Tür warten, gleich wird sie sich öffnen und Elke wird hereinkommen. Wo ist ihr Geruch? Ich schnuppere an der Tür, rufe, schnuppere und rufe ... bis sich meine Kräfte in der endlosen Dunkelheit in mir verlieren. Was habe ich mir zuschulden kommen lassen? Ich bin gehorsam und pflegeleicht. Warum komme ich schon wieder zu einem anderen Menschen? Wie soll ich diesen Verlust nur überstehen?

Betroffen spüre ich Lailas Schmerz. Sie ist untröstlich, dass sie Elke verlassen musste. Wie kann ich ihr nur helfen? Und dann treffen mich Lailas Gedanken ins Mark:

Deshalb war Jamie so schweigsam. Er wusste, dass ich nun bei ihm bleiben werde. Ich fühle mich verraten, verraten von meinem Menschen, verraten von ihm.

Ich spüre Lailas Gedanken. Sie denkt an ihre erste Besitzerin. Nie hat sie einen Menschen mehr geliebt. Tiefe Traurigkeit ist in ihr, weil diese Frau mit einem jungen Hund überfordert gewesen war und die viereinhalb Monate alte Laila an Elke abgegeben hatte. Lailas Herz hatte einen Riss bekommen. Mit der Zeit gewöhnte sie sich an Elke, wurde anhänglich. Doch das Vertrauen konnte nie so tief werden wie bei ihrer ersten Besitzerin.

Elke hatte geschworen, dass Laila nun für immer bei ihr bleiben würde – das war das zweite Mal gewesen, dass ein Mensch Laila so ein Ehrenwort gegeben hatte. Doch auch dieses Versprechen wurde gebrochen. Zusammen mit ihrem Mann hatte Elke für Laila sorgen können; doch der war nun nicht mehr da. Dazu kamen gesundheitliche Probleme. Jetzt verstand ich die Traurigkeit, die Elke umgeben hatte, seit ich sie vor vier Monaten zum ersten Mal gesehen hatte.

Und Laila? Sie ist noch kein Jahr alt und muss nun schon – einschließlich des Abschieds von ihrer Züchterin – den dritten Wechsel verkraften. Unmöglich! Erst recht für einen Rhodesian Ridgeback. Ich verstehe nicht, wie Menschen so wankelmütig sein können. Sich für einen Hund zu entscheiden ist doch etwas anderes, als sich einen Kühlschrank oder ein Auto anzuschaffen!

***

Den Tag, an dem ich Jamie zum ersten Mal gesehen habe, vergesse ich nie. Ich sehe diesen stattlichen Dalmatinerrüden, er riecht bezaubernd und fordert mich zu einem Hatzspiel auf. Danach liegen wir erschöpft auf der Wiese und stecken unsere Schnauzen aneinander.

Ich weiß, dass etwas Unerklärliches an diesem Tag vor sich gegangen ist, aber der Gedanke, dass Elke mich tatsächlich zurückgelassen hat, der kommt mir erst jetzt, wo ich heulend vor dieser Tür sitze. Ich ahne: Nur mit Jamie zusammen werde ich diesen erneuten Verlust überleben können.

Ich verfolge Lailas Wehklagen, ihren inneren Monolog und bekomme ihre Verzweiflung hautnah mit. Allein vom Zuhören bin ich am Ende meiner Kraft. Aber mein Kopf denkt unaufhörlich weiter. Laila hat es hier bei uns besser. Man kann keinen Hund glücklich machen, wenn er zehn Stunden zu Hause warten muss, bis endlich jemand zurückkommt. Wir Hunde sind Rudeltiere, nicht so wie Katzen, die es lieben, alleine zu sein (wobei auch sie ihre Menschen und einen geregelten täglichen Ablauf mögen). Ich kenne das von Tomi: Wenn Möbel umgestellt wurden, wurde dieser Kater ausgesprochen übellaunig und ich hatte es auszubaden. Dann lauerte er tagelang vor meiner Tür im ersten Stock. Schon der Geruch, der durch den Türspalt zog, hielt mich davon ab, die Tür zu öffnen. Emotionen riechen halt immer gleich, egal ob von einem wütenden, gestressten Tier oder von einem Menschen.

Wir lieben Gewohnheiten, sie vermitteln uns Beständigkeit und geben uns die Sicherheit, mit der auch das Vertrauen in unsere Menschen wachsen kann. Ich kann es nur allzu gut verstehen, wie Laila sich fühlt, und doch weiß ich, dass es für sie die allerbeste Lösung ist. Mit mir kann sie glücklich werden und Esther gibt sich Mühe. Wenn Lailas Antennen wieder ausgefahren sind, werde ich ihr alles erzählen, was mir gerade durch den Kopf schießt. Mit meiner Hilfe wird es ihr vielleicht leichter fallen, das Beste aus der Situation zu machen.

Esther und ich mussten Laila nach etlichen Beruhigungsversuchen vor der Tür jaulend zurücklassen. Ansprechen half nichts; wenn Esther sie streichelte, zitterte Laila nur noch stärker. Das schlimmste Zeichen aber war, dass sie eine Knabberstange verschmähte. Vorsichtig nahm ich die zurückgelassene Köstlichkeit und legte mich in meinen Korb. Eigentlich wollte ich sie für Laila aufheben, aber als ich das nächste Mal hinschaute, war sie auf einmal verschwunden …

***

Geboren wurde ich im Oktober 2005, in einem Stall unter einer Wärmelampe. Ich bin ein afrikanischer Steppenhund, eine Rhodesian-Ridgeback-Hündin. Meine Vor-

fahren sind großartige Löwenjäger. Die Information der Jagd steckt auch in meinen Genen. Doch meist fühle ich mich als Memme, ich bin froh, dass ich noch keinem Löwen begegnet bin. Meine neun Geschwister wuchsen mit mir in einem Stall auf. Wenn wir zu wild wurden, nahm unsere Mutter die Schnauze desjenigen, der angefangen hatte, in ihren Fang und zwickte zu. Das tat bestimmt weh! Ich beobachtete es mit Grauen, hörte jedes Mal das schrille Fiepsen und war brav. Ich bin eben eine ängstliche Löwenjägerin.

Ich gehöre zu einer Rasse, die sich mit Leib und Seele an einen einzigen Menschen bindet. Wussten meine Besitzer das nicht? Mein Herz verschenke ich nur einmal. Zweimal ist schon fast unmöglich, aber dreimal – wie soll ich das nur schaffen? Ein unerträglicher Schmerz breitet sich in mir aus. Wohin nur mit der Unruhe, die mich wachhält, mir furchteinflößende Träume schickt? Ich bin alleingelassen in einer Welt, die mir Angst macht. Die Menschen, denen ich bisher begegnet bin, haben mich im Stich gelassen. Warum sollte es bei diesem neuen Menschen anders sein? Der einzige, dem ich halbwegs vertraue, ist Jamie. Er ist mein einziger Halt, meine einzige Zuversicht. Nachts schmiege ich mich an ihn, wenn ich von meinen Albträumen erwache, hilft er mir, mich wieder zu orientieren. Bei Jamie bin ich sicher.

***

Immer wenn Laila im Traum winselt, rutsche ich ein wenig näher, so kann sie mein Fell und die Wärme, die von mir ausgeht, spüren. Wochenlang bin ich morgens unausgeschlafen, weil ich die ganze Nacht damit beschäftigt gewesen war, Laila zu beruhigen. Doch sobald ich auf dem Feld hin und her laufe, verfliegt meine Müdigkeit und ich bin stolz, Laila zeigen zu können, was ich alles gelernt habe. Ich laufe bei Fuß, mache Sitz und Platz auf Anweisung und wenn ich meinen Namen höre, renne ich freudig zu Esther. Ich drehe mich im Kreis, laufe durch ihre Beine, springe auf einen Felsen, krieche unter einem Baumstamm hindurch oder hopse darüber. Das soll Laila mir erst einmal nachmachen!

Ich führe sie zu all den wohlriechenden Stellen, die ich in Feld und Wald entdeckt habe. Oft scheint sie abwesend, fast unerreichbar. Aber wenn ich es schaffe, sie zu einem Hatz-Spiel zu animieren, bin ich der glücklichste Hund auf Erden. Geduld kenne ich nicht und lernen will ich sie auch nicht, aber mit Laila habe ich keine andere Wahl. Mit Esther Geduld zu haben, war schon eine Herausforderung, aber mit Laila muss ich sogar noch geduldiger sein. Für einen Hund ist das die härteste Sache auf der Welt. Und damit der größte Liebesbeweis.

***

Esther: Jamie, bist du glücklich?

Jamie: Mehr geht nicht.

Esther: Da bin ich froh. Und Laila, was meinst du, schaffen wir das?

Jamie: Blöde Frage – klar doch.

Esther: Sie vermisst ihr Zuhause. Mich ignoriert sie. Wenn ich sie streicheln will, dreht sie den Kopf weg; aber wenn ich dich rufe, kommt sie hinter dir hergerannt. Du bist ihr einziger Halt.

Jamie: Das wird schon, lass ihr Zeit.
Esther: Es ist schon merkwürdig, wie verschieden ihr Hunde seid! Du warst so unglaublich glücklich, einen neuen Menschen gefunden zu haben. Aber Laila trauert. Ich frage mich: Kann ein Hundeherz eigentlich brechen?
Jamie: Sie wird es überwinden, glaube mir. Sie braucht einfach nur ein bisschen Zeit, in der sie lernt, wieder zu vertrauen – jedenfalls soweit es ihr noch möglich ist. Ist das bei euch Menschen denn anders?
Esther: Wenn ich ehrlich bin, nein. Aber ich habe wirklich ein wenig Angst. Ehrlich gesagt: Du bist schon anstrengend genug. Und jetzt auch noch Laila … Viele meiner Freunde sagen, dass ich total verrückt bin, mir noch einen zweiten Mühlstein ans Bein zu binden. Aber als ich gesehen habe, wie vertraut Laila und du seid, und dann auch noch erfuhr, dass Elke sich nicht mehr ausreichend um Laila kümmern kann … mir ist gar nichts anderes übrig geblieben.
Jamie: Das mit dem Mühlstein finde ich ganz schön beleidigend!
Esther: Ach Jamie! Als ob dir so eine Grobheit etwas ausmachen würde! Du bist einfach Jamie. Wenn dich jemand beleidigt, ignorierst du das. Und wenn dich jemand liebt, bekommt er die Liebe zehnfach zurück.
Jamie: Apropos Liebe – manchmal verstehe ich dich ja nicht. Eigentlich weißt du es ja schon längst, aber du schaffst es nicht, diesem Wissen auch wirklich zu vertrauen. Deshalb bist du ängstlich.
Esther: Was meinst du? Was weiß ich?
Jamie: Ganz einfach: Liebe ist die einzig wahre Kraft der Heilung. Und weil das so ist, wird es Laila schon bald besser gehen.

6. Kapitel
Der Fluss des Lebens

Ob ein oder zwei Hunde, das macht den Kohl auch nicht fett, hatte ich noch gedacht, bevor Laila in die Familie aufgenommen wurde. Aber ich musste feststellen: Hunde im Doppelpack sind ganz schön anstrengend. Manchmal schoss mir der blöde Gedanke durch den Kopf, dass *ein* Hund gereicht hätte. Doch dann genügte ein Blick in den Hundekorb, und mein Kleinmut löste sich augenblicklich in Luft auf. Vom ersten Tag an bot sich mir dasselbe Bild: Wo Jamie liegt, liegt auch Laila, eng an ihn gekuschelt. Wenn sie nicht ihren Kopf auf Jamies Bauch gelegt hat, sind es ihre Pfoten – wie zu einer Umarmung drapiert. Ein Blick auf die beiden genügte, und ich war glücklich, „Ja“ gesagt zu haben.

Aber leicht ist es trotzdem nicht. Jamie, mein fröhlicher Draufgänger, verzeiht mir kleine Fehler und war vom ersten Tag an froh, bei mir zu sein. Die sensible Laila dagegen schreckte anfangs schon vor einem lauten Wort zurück. Wenn ich sie streicheln wollte, drehte sie den Kopf zur Seite. In ihrer Sprache beschwichtigte sie mich, aber ich hatte jedes Mal das Gefühl, dass sie sagen wollte: „Lass mich in Ruhe! Dich mag ich nicht!“ Wenn ich sie rief, ignorierte sie mich. Für sie war ich einfach nur Luft. Aber wenn ich „Jamie, zu mir!“ rief, rannte sie ihm nach, und das Leckerli, das nahm sie auch aus meiner Hand.

Laila war die zweite Hundeseele, die mich völlig überraschend gepackt hatte und mich ohne ausreichende Vorbereitungen in eine neue Familienkonstellation schlittern ließ. Dieses Mal hatte ich glücklicherweise eine Woche frei und Zeit, mit langen, ausgedehnten Spaziergängen, auf denen die beiden Hunde versteckte Fleischbrocken suchen durften, Laila das Leben bei uns schmackhaft zu machen. Ich konnte mir in Ruhe überlegen, wohin mit beiden, wenn meine Arbeit wieder losging. Zwei so große Hunde mit ins Büro nehmen? Das wollte ich den anderen nicht zumuten. Auch Kater Tomi würde kaum einen zweiten großen Hund verkraften. Mir blieb gar kein Spielraum: Jamie und Laila sollten daheimbleiben, während ich arbeitete. Laila war das Alleinsein von klein auf gewohnt, das wusste ich, und auch Jamie kann gut für einige Stunden ohne mich sein. Einsam würden sie sich nicht fühlen; die beiden hatten ja sich …

***

Mein erster Arbeitstag. Ich nehme meine Jacke von der Garderobe, greife nach dem Hausschlüssel und stecke ihn von außen ins Schloss. Jamie schaut mich stirnrunzelnd an. „Heute kannst du nicht mit, dein Job ist es, bei Laila zu bleiben. In vier Stunden bin ich wieder da“, denke ich und schließe sorgfältig die Tür ab. Für Jamie ist es schließlich ein Kinderspiel, Türen zu öffnen.

Ich bin den ganzen Vormittag über unruhig. Schneller als sonst fahre ich mittags nach Hause. Ich parke direkt vorm Haus und höre Jamies Bellen, noch bevor ich aus dem Auto ausgestiegen bin. In Panik renne ich zur Eingangstür, kaum öffne ich sie einen Spalt, springt Jamie mir förmlich um den Hals. Laila linst kurz um die Ecke und verschwindet wieder. Im Flur stolpere ich über zerfetzte Klopapierrollen und den Mülleimer vom Bad. Langsam wage ich mich ins Wohnzimmer. Laila sitzt inmitten säuberlich zerschnipselter Zeitschriften und nagt an der Fernbedienung des Fernsehers. Super, das fängt ja gut an!

Kommentarlos schnappe ich mir beide Hunde und laufe mit ihnen zum Feld. Ein kurzer Klick der Leine und schon rasen sie los, Sekunden später erkenne ich ganz hinten am Feldrand nur noch zwei kleine hopsende Punkte. Ich bin sauer: „Vielleicht soll ich den Haustürschlüssel unter der Fußmatte deponieren, dann können die beiden heimkommen, wann sie wollen", denke ich genervt. Unter Lailas Einfluss scheint Jamie jegliche Erziehung zu vergessen. Aber ich mache mir mal wieder ganz umsonst Sorgen. Als ich pfeife, rast Jamie wie ein Blitz auf mich zu. Guter Jamie! Ich halte ihm den Futterbeutel hin. Da bremst auch schon Laila haarscharf neben ihm ab und versenkt ihre Schnauze im Beutel. Jamie duldet, dass sie mitfrisst – für ihn ein wirklicher Liebesbeweis. „Ihr seid mir schon zwei Rabauken", denke ich.

Wie gesagt: Wenn ich Laila rufe, beachtet sie mich nicht. Vielleicht schaffe ich es ja mit einem kleinen Trick, sie zu trainieren? Dass sie so auf Jamie fixiert ist, mache ich mir zunutze. Ich klopfe gegen mein Bein, ein Zeichen für Jamie, dass er bei Fuß gehen soll. Laila folgt ihm. Zeigefinger nach oben strecken, ein wenig in die Knie gehen für „Sitz!". Ausgestreckte Handfläche Richtung Boden bedeuten: „Platz!“. Aha! Klappt gut, Jamie hat doch nicht alles vergessen. Bei jedem Befehl schaut er zu Laila, die wie ein Schatten seinen Bewegungen folgt. Mein Plan geht auf. Durch Jamie kann ich Laila trainieren.

Ich nehme einen Fleischbrocken, drehe meinen ausgestreckten Arm um Jamie herum, sodass er sich im Kreis dreht und dafür das Leckerli bekommt. Laila beobachtet uns und macht es ihm nach. Sie lernt schnell. Dann halte ich die Köstlichkeit zwischen meine Beine, Jamie rennt hindurch und schnappt sie sich, gefolgt von Laila, der ich schnell noch einen Brocken herauskrame. Dies war das Wichtigste, das ich beim Hundetraining gelernt habe: Schnelligkeit. Würde ich den Fleischbrocken zu spät reichen, könnte Laila die Belohnung nicht mit ihrem Verhalten verknüpfen.

So ihr beiden, jetzt könnt ihr wieder rennen! Ich staune immer wieder: Wenn Hunde wollen, verstehen sie jedes Wort. Jamie und Laila sprinten los. Wenn ich die beiden sehe, wie ausgelassen glücklich sie miteinander toben, machen mir die paar Schnipsel in meiner Wohnung nichts mehr aus. Ich nehme mir vor, ab morgen alles außer Reichweite zu räumen, was angeknabbert werden kann, und die Klotür abzuschließen, damit der Klopapierverbrauch nicht außer Kontrolle gerät. Und wenn wieder mal eine Fernbedienung dran glauben muss – die kann man neu kaufen.

***

Mein erster Gang, wenn ich abends heimkomme, ist der Keller. Dort befindet sich die Feuerstelle für den Kachelofen im Wohnzimmer, gegenüber stapeln sich die Holzscheite bis zur Decke. Jamie begleitet mich, er liebt es, an den Borken vom Holz zu knappern. Nachdem ich angefeuert habe, gehe ich zur Treppe und schaue um die Ecke zur Kellertür hinauf. Da steht Laila, starrt mich an und zittert. Sie hat Angst vor der Treppe. Dabei weiß ich genau, dass sie bei ihren Vorbesitzern im Mehrparteienhaus gewohnt hatte und problemlos treppauf, treppab gelaufen ist.

Vielleicht sind ihr die Kellerstufen zu glatt? Also beklebe ich sie mit Teppichboden, nehme Laila an die Leine und hopse freudig quiekend mit ihr zur Treppe. Sie freut sich mit mir, schon denke ich: Geschafft! Doch kurz vor der ersten Stufe bremst Laila ab und lässt sich wie ein Stein zu Boden fallen. Nichts kann sie dazu bewegen, noch einen Schritt weiter zu machen.

So ist das nun mal mit Hunden – sie reagieren nicht immer rational. Genau wie wir Menschen haben sie ganz persönliche Vorlieben und Ängste. Auch wir können nicht immer erklären, warum wir uns auf eine bestimmte Weise verhalten oder jemanden nicht leiden können. Wir können nur versuchen, unsere Ängste und Abneigungen zu überwinden, um uns in unserem Leben möglichst frei bewegen zu können. Genau das will ich auch Laila ermöglichen. Sie möchte so gerne bei Jamie und mir im Keller sein – und schafft es einfach nicht.

Tagelang versuche ich mit allen nur erdenklichen Köstlichkeiten Laila dazu zu bewegen, die Kellertreppe hinab zu laufen. Sogar wenn ich sie mit Leberwurst locke, geht sie mit ihren Vorderpfoten nur ein, zwei Stufen nach unten, doch ihre Hinterpfoten bleiben oben wie angewurzelt stehen. Bei dem Versuch, die Schnauze Richtung Leberwurst zu strecken, verliert sie fast das Gleichgewicht und weicht erschrocken zurück.

Die Kellertreppe in meinem Haus ist nicht die einzige Stelle, die Laila Angst macht. Als wir in Wiesbaden über die steil gebogene Fußgängerbrücke am Schiersteiner Hafen laufen wollen, duckt sie sich, macht sich klein und leckt über ihre Lefzen. Jamie rennt vor und ich locke sie mit Leckerli. Über die ersten zwei Meter freue ich mich wie ein Keks, lobe sie mit heller, fiepsender Stimme für diese Heldentat. Nach den nächsten zwei Metern bin ich außer mir vor Freude. Was denkt nur Jamie über dieses Jahrmarktsgebrüll? Meter für Meter schaffen wir es bis zum höchsten Punkt der Brücke; der Weg nach unten läuft problemlos.

Manche Treppen nimmt Laila ohne Zögern – ich weiß nie vorher, welche Treppe sie verweigert. Diese Eigenart erweist sich im Alltag als ziemlich lästig. Bei Helga und Jochen muss sie in den unteren Räumen bleiben, weil sie sich in deren Haus nicht die hölzerne Innentreppe hinauftraut. Als ihr Heulen im Erdgeschoss immer lauter wird, müssen meine Freunde und ich wieder hinuntergehen und in einem kleinen Raum neben der Küche essen. Nun wird mir zum ersten Mal auch klar, dass Lailas Verhalten nicht nur sie selbst einschränkt; auch ich selbst werde Probleme haben, wenn sie ihre Angst nicht überwinden kann.

Helga und Jochen fragen mich: „Wolltest du Weihnachten nicht nach Berlin zu deiner Familie fahren?“

„So wie es aussieht, wird daraus nichts“, antworte ich. Denn auch bei meinen Eltern müsste Laila Treppen steigen. Aber das Weihnachtsfest mit der Familie streichen, nur weil Laila manchmal Angst vor Treppen hat? Da muss sich doch etwas machen lassen!

***

Eine Woche darauf bin ich bei Tina zum Essen eingeladen. Vierter Stock, Altbau.

Ich bin zuversichtlich und mit einer ganzen Dose Lammfleischstücke gewappnet – als ob wir den Mount Everest erklimmen wollten! Wir klingeln bei Tina, die ersten fünf Stufen läuft Laila bis zum Hochparterre, als wäre es das Selbstverständlichste der Welt. Von hier aus führt die Treppe weiter zu den Stockwerken.

Ich laufe weiter, Laila stockt. Jamie rast die Stufen hoch, kommt wieder herunter und beobachtet mich, wie ich Fleischstücke auf die Treppen lege. Laila bleibt stehen. Ich schnappe mir Jamie, bevor er über das Fleisch herfällt, und verstecke mich mit ihm im ersten Stock. Wir sitzen eine Weile auf den Stufen, als mir plötzlich der Gedanke kommt: „Hoffentlich macht keiner die Eingangstür auf." Ich schaue vorsichtig um die Ecke und sehe Laila genau am selben Ort stocksteif verharren. In diesem Moment säubert Jamie die Treppen.

Okay, noch ein Versuch. Dann noch einer. Und noch einer. Nach dem vierten Durchlauf ist die Fleischdose leer, Jamie satt und Laila liegt zitternd und hechelnd am Boden. Traurig betrachtet Jamie Laila, ein paar Fleischbrocken hat er sogar liegengelassen. Ich rufe Tina an, die oben im vierten Stock schon auf uns wartet und sich wundert, wo wir bleiben.

Was tun? Ein Ort, an dem sich Laila immer sicher fühlt, ist der Kofferraum: Er ist begrenzt, überschaubar, wie eine Höhle. Aber dort will ich sie nach der Strapaze nicht allein zurücklassen. Nach einem kurzen Gespräch mit Tina, die viel Verständnis zeigt, fahren wir heim und machen es uns auf der Couch gemütlich.

***

Jamie liegt eng an mich geschmiegt und Laila mit etwas Abstand auf der anderen Seite. Diese Zuwendung ist ein Geschenk. Ich streichele Lailas warmes Fell und denke über unsere vergeblichen Versuche nach. Je mehr wir üben, umso mehr steigert sie sich in ihre Panik hinein. Ich stehe auf, nehme den Telefonhörer, wähle die Nummer meiner Eltern und sage den Weihnachtsbesuch ab.

Wegen einem ängstlichen Hund das Familienleben brachliegen lassen? Ist das nicht ein bisschen übertrieben? Nun, es bleibt mir ja gar nichts anderes übrig. Laila über Weihnachten in einer Hundepension zu parken, kommt nicht in Frage. Für mich ist klar: Ich habe eine Verantwortung übernommen und kann mich nicht aus ihr davonstehlen. Auch nicht für ein paar Tage. Hunde verfügen über eine überaus ausgeprägte Sozialkompetenz, sie brauchen ihr Rudel. Sie wegzugeben, so lange es andere Möglichkeiten gibt, ist in meinen Augen grausam. Und Jamie und Laila brauchen aufgrund ihrer Vorgeschichten besonders viel Zuwendung und Stabilität.

Abgesehen davon hätte ich unterm Weihnachtsbaum keine Ruhe, weil ich ja genau gewusst hätte, wie sehr Laila unter der Trennung leidet. Denn auch wenn sie sich mir gegenüber sehr spröde gibt, ist doch klar, dass ein erneuter Abschied sie vollends brechen würde. Meine Eltern sind nicht begeistert von meiner Absage, aber sie verstehen meine Motive. Auch ihnen ist es lieber, dass ich verantwortungsvoll handle.

***

Es ist wie immer im Leben: Aus Niederlagen kann etwas sehr Gutes erwachsen. In diesem Fall gewinne ich dadurch, dass ich nicht nach Berlin fahre, Zeit. Und die kann ich gut brauchen.

Ein paar Monate zuvor hatte ich wegen Jamie meine alte Wohnung in Wiesbaden aufgeben müssen. Mein Vermieter war sehr verständnisvoll und hatte mir viel Zeit gelassen, mich nach etwas Neuem umzuschauen. Endlich hatte ich mein neues Haus auf dem Land gefunden. Deshalb hatte ich auch meine Praxis verlegt – die anfänglichen Schwierigkeiten mit Jamie in der neuen Gemeinschaftspraxis hatten wir lösen können. Doch nun überlegte ich, ob ich nicht Nägel mit Köpfen machen sollte: Leben und Arbeiten unter *einem* Dach. Viele Gründe sprachen für so eine „ganzheitliche" Lösung. Den nötigen Schubs bekam ich aber erst durch Jamie und Laila.

Obwohl Jamie mit Laila überglücklich war, stresste ihn die Veränderung in unserem Leben. Ab und an litt er wieder unter Durchfall, auch juckten seine Ohren wieder und manchmal erwischte ich ihn, wenn er an seinem Bauch knabberte. Brachte ihn Lailas Unruhe aus dem mühsam erreichten Gleichgewicht? Ich hatte keine Ahnung, wie Laila sich aufführte, wenn ich bei der Arbeit war. Also fragte ich meinen Nachbarn. „Wenn du nicht da bist, habe ich das Gefühl, in einer Schlossruine zu leben. Das Jaulen hört erst auf, wenn dein Auto wieder zu hören ist“, sagte er. Mich traf fast der Schlag! Automatisch war ich davon ausgegangen, dass alles in Ordnung ist, es hatte sich ja niemand beschwert. Auf meine Frage, warum er mir das nicht schon früher gesagt hatte, antwortete mein Nachbar nur: „Ich dachte, es hört schon irgendwann auf.“

Ich musste mich also nicht wundern, dass Jamie wieder instabiler wurde. Wenn Laila die ganze Zeit jault, bekommt das weder ihr noch Jamie. Wieder mal befand ich mich in einer Zwickmühle: Laila würde sich, während ich bei der Arbeit bin, in einer Hundebox sicher und geborgen fühlen. Aber für Jamie wäre das der absolute Albtraum. Beide zu trennen – nicht denkbar. Also musste eine andere Lösung her.

***

Ich arbeite gerne, aber bevor Jamie Teil meines Lebens wurde, waren es zehn Stunden am Tag. Zum Ausgleich buchte ich teure Fernreisen, dazu kam hier und da ein Wellness-Wochenende – man gönnt sich ja sonst nichts. Ich ging Shoppen, belohnte mich mit Zeug, das ich nicht brauchte. Mein Kleiderschrank quoll über. Ich hatte gar nicht wahrgenommen, dass ich mich in eine Lebenssituation hineinmanövriert hatte, die mich überhaupt nicht glücklich machte. Ohne Jamie hätte ich wohl nie den Weg hinausgefunden. Und Laila verstärkte diese Wirkung nur noch: Hätte ich ohne sie gewagt, Praxis und Privaträume zusammenzulegen? Wer in eine Tretmühle geraten ist, braucht gute Gründe, die ihn wieder hinausführen. Und meine beiden Gründe starrten mich jetzt mit ihren treuen dunklen Augen an.

Zum Jahreswechsel verlegte ich die Praxis in mein Haus. Fast alle meiner Patienten machten auch diesen erneuten Umzug gerne mit. Direkt vom Eingangsflur abgehend gibt es einen Raum, den ich zuerst als Gästezimmer eingerichtet hatte – ein idealer Praxisraum. Zur Küche und zum Wohnzimmer hin brachte ich Holzgitter an. So können die Hunde beobachten, was sich im Haus tut, gelangen aber nicht in den Flur. Die Haustür und die Wohnungstür ließ ich so umbauen, dass meine Patienten sie aufdrücken können; ein Schild an der Eingangstür erinnert sie daran, nicht zu klingeln. Denn der surrende Klingelton regt Jamie auf; seine Aufregung fällt weniger spektakulär aus, wenn meine Patienten einfach den Flur betreten. Manche nehmen sich ein Leckerli aus dem Glas, das im Regal steht, und bestechen ihn damit.

Die Praxisverlegung ins Haus erwies sich als ein Gewinn für uns alle. Jamie und Laila waren nicht mehr so viel alleine. Und auch für mich wendete sich vieles zum Besseren: Heute arbeite ich im Durchschnitt sechs Stunden am Tag und kann gut von dieser Arbeit leben, das weiß ich zu schätzen. Meine Ausbildung und weitere Fortbildungen haben mich in den letzten zehn Jahren viel Mühe, Geld und Entbehrungen gekostet. Und diese Investition zahlt sich nun aus. Mein Beruf ernährt mich nicht nur, er erfüllt mich auch. Durch die Begegnungen mit den Menschen ist er immer spannend; Jahr für Jahr sammle ich mehr Erfahrungen. Und je erfahrener ich bin, desto interessanter wird meine Tätigkeit. Ein wunderbarer Kreislauf!

Durch meine Hunde bewege ich mich mehr und freue mich jeden Tag von Neuem, wenn ich Jamie und Laila in wilder Hatz über die Wiese rennen sehe. Dieses Glück zu beobachten, berührt mein Herz. Ich kann mir gar nicht mehr vorstellen, dass ich mal versucht habe, diesen Platz in meinem Herzen mit toten, gekauften Dingen zu füllen.

Auch bei vielen kleinen Dingen des Alltags ist die neue Situation ein Gewinn. Dass die Fahrerei zum Arbeitsplatz wegfällt, spart Zeit und Nerven. Es hatte mich früher auch sehr geärgert, wenn ein Patient seinen Termin versäumte. Heute macht mir so eine freie, geschenkte Stunde nichts mehr aus. Im Gegenteil, ich kann sie mit meinen Hunden im Garten verbringen. Unterm Strich verbleibt ein dickes Plus: Wir alle haben an Lebensqualität gewonnen. Auch Laila war einfach nur glücklich über die Veränderung. Sie blühte richtig auf.

Ich fühle mich durch Jamie und Laila nicht ans Haus gefesselt. Wenn ich mit Freunden einen Theater-, Opern- oder Kinobesuch plane, engagiere ich einen Hundesitter. Für Jamie und Laila heißt das: Sie können in ihrer vertrauten Umgebung bleiben. Der Hundesitter lässt sie in den Garten, streichelt sie, spielt mit ihnen, oder sie chillen auf der Couch. Ich weiß, dass sie gut aufgehoben sind, und kann den Abend in vollen Zügen genießen. Durch meine Hunde habe ich gelernt, das Hier und Jetzt zu genießen. Das macht mich frei.

***

Da ich meine Eltern, die in Berlin leben, Weihnachten hatte vertrösten müssen und sie Laila noch nicht kennengelernt haben, buche ich für uns alle eine Ferienwohnung auf Amrum und verabrede mich mit ihnen, dass ich sie in Hamburg am Busbahnhof abholen werde. Abends vor der Abreise in Richtung Hamburg lade ich Unmengen von Hundedecken, Spielsachen, Plüschtiere, Fressnäpfe und meine Reisetasche in den Bus. In meinem Wohnmobil habe ich quer zur hinteren Liegefläche ein Metallgitter einbauen lassen. So sind die Hunde geschützt, können sich auf dem Bett gemütlich ausstrecken oder in ihren Körben liegend ihre Schnauzen auf den erhöhten Rand legen und genüsslich aus dem Heckfenster die vorbeischnellende Landschaft beobachten. Manchmal gibt es sogar laufende Rehe zu sehen – richtiges Hundekino!

Jamie und Laila bekommen die Unruhe natürlich mit. Sie beobachten genau, wie ich all die Sachen in den Schränken verstaue. Ich merke, wie sie unsicher werden. Die Nacht ist kurz und unruhig, Laila jault im Schlaf und steht ständig auf und tapst durch die Wohnung. Hat sie Angst, zurückgelassen zu werden? Erst am nächsten Morgen, als sie einsteigen darf, wird sie ruhiger. Die Fahrt nach Hamburg verläuft unproblematisch und meine Eltern schließen Laila gleich in ihr Herz.

Die Ferienwohnung auf Amrum befindet sich in einem parkähnlichen Areal mit mehreren kleinen Häusern. Vor unserer Wohnung gibt es einen mit Mauern eingerahmten winzigen Garten. Tisch, Stühle, zwei Liegen und ein Fleck Rasen für die Hunde. Die Räume sind lichtdurchflutet. Das einzige Manko stellen die Schlafzimmer dar, sie befinden sich einen Stock tiefer. Doch Jamie rettet die Situation. Laila steht oben auf der Treppe und schaut ihm sehnsüchtig nach, wie er die Stufen nach unten rennt und aus ihrem Blickfeld verschwindet. Nachdem Jamie unten alles genauestens inspiziert hat, legt er sich oben zu ihr in den Korb und verbringt die Nacht bei Laila.

Sobald die Sonne aufgegangen ist, steht Jamie vor meinem Bett und weckt mich mit einem „Wau-Jauhul" – das bedeutet: „Los! Beeil dich! Alles da draußen riecht nach Abenteuer!" Wir brauchen keine fünf Minuten, bis wir zu dritt durch molligen Sand einen kleinen Pfad entlangstapfen und sich der langgestreckte Strand vor unseren Augen öffnet. Es riecht nach salzigem Tang, hinten am Horizont liegt das Meer, ruhig und seicht, wie im Schlaf. Rechts türmen sich vereinzelt riesige Sanddünen bis zum Wasser hin auf. Links ist der Strand eine platte Ebene, auf der sich Strandkörbe drängen. Keine Menschenseele in Sicht.

Jamie rast als Erster auf den vor uns liegenden Sandhügel, dicht gefolgt von Laila. Ihre Pfoten graben sich in den tiefen Sand, sie wühlen sich unermüdlich vorwärts, bis sie plötzlich wie vom Erdboden verschluckt sind. Ich renne um den Hügel herum, rufe, aber keine Hundenase in Sicht. Als ich die Düne erklommen habe, sehe ich die beiden in einer breiten Vertiefung ausgelassen hin und her rasen, bis einer auf dem anderen liegt. Jamie befreit sich und die Jagd beginnt von Neuem. Ich setze mich an den oberen Rand des Hügels, schaue auf das Meer und lasse meine Gedanken wandern. Ich bin glücklich. Plötzlich fahren mir zwei feuchte, sandige Schlabberlappen durchs Gesicht. „Na, seid ihr fertig?" Kaum habe ich das ausgesprochen, rasen sie die Düne wieder hinunter und erklimmen die nächste, schmeißen sich in eine Sandkuhle, als ob sie Verstecken spielten.

Dann sind wir endlich am Meer. Jamie springt mit einem Satz hinein, Laila – typisch Ridgeback – stemmt in letzter Sekunde ihre Pfoten in den Sand, um bloß nicht nass zu werden. Ich schmeiße einen Stock ins Wasser,

Jamie schwimmt ihm hinterher. Laila liegt neben mir im warmen Sand und beobachtet ihn, bis er mit seiner Trophäe auf uns zu stolziert. Er schüttelt sich in gebührendem Abstand und schmeißt sich neben Laila. Gemeinsam knabbern sie, einer rechts, einer links, genüsslich am Holz.

Jetzt knurrt mein Magen. Keine Ahnung, wie lange wir schon unterwegs sind. Als wir in der Ferienwohnung ankommen, ist der Frühstückstisch schon gedeckt.

***

Amrum ist eine zehn Kilometer lange und zweieinhalb Kilometer breite nordfriesische Insel. Das Besondere an ihr ist der im Westen angelagerte zehn Quadratkilometer große Kniepsand, einer der größten Sandstrände Nordeuropas. Dahinter schließt sich ein Dünengürtel mit einer maximalen Breite von einem Kilometer und einer Länge von etwa zwölf Kilometern an. Es sind die einzigen Dünen der Westküste, die von Möwen und Enten zum Brüten genutzt werden. Auch Hasen haben dieses Paradies für sich entdeckt.

Jamie ist der Meinung, ungefragt diese Dünen betreten zu dürfen, und Laila folgt ihm, wie immer. Ich rufe, keine Reaktion, ich pfeife, nichts tut sich. Auch wenn wir außerhalb der Brutzeit auf der Insel sind – Hunde haben in dem Dünengürtel nichts verloren. Wenn Jamie und Laila glauben, im Urlaub nicht auf mich hören zu müssen, müsste ich sie den Rest des Urlaubs an der Leine führen. Undenkbar! Ich muss sie schnell dazu bringen, mir wieder zuverlässig zu gehorchen. Ich verstecke mich hinter einem Sandhügel, kaum linse ich um die Ecke, kommen die beiden auch schon angerannt. Panisch laufen sie hin und her. Laila jault und Jamie hält witternd die Schnauze in die Luft. In Sekundenschnelle hat er meine Fährte aufgenommen, gefolgt von Laila. Erleichtert fallen sie über mich her und lecken mein Gesicht ab. Das wird ihnen eine Lehre sein, denke ich. Aber schon am nächsten Tag, ich habe sie gerade aus dem Bus springen lassen, verschwinden beide wieder in den Dünen am Parkplatz. Dieses Mal setze ich mich ins Auto und schließe die Tür. Soll ich wegfahren? In dem Moment, als ich den Zündschlüssel ins Schloss stecke, klopfen Jamies Pfoten gegen die Tür und Laila steht zitternd neben ihm.

Nach diesem Erlebnis ist beiden das Wegrennen vergangen. Wenn ich mit meinen Eltern am Strand entlang schlendere, läuft Laila dicht neben mir. Und wenn Jamie seine Runden Richtung Dünen ausweitet, reicht ein Ruf und er ist wieder bei uns. Die Lektion, dass er mich weit weg von zu Hause verlieren könnte, ist selbst bei ihm angekommen.

***

Jamie: Laila, warum gehst du nie mit mir Schwimmen?

Laila: Wegen der Krokodile.

Jamie: Was für Krokodile? Mir ist noch keines begegnet. Dir?

Laila: Nein, und das soll auch so bleiben. Deshalb gehe ich ja nicht ins Wasser.

Jamie: Woher weißt du von diesen Tieren? Sind sie gefährlich?

Laila: Ja, sehr! Sie fressen alles, Hund, Mensch, Antilope, Büffel … Ich weiß das von meinen Vorfahren, die in

Afrika lebten. Wir Ridgebacks sind zwar mutig genug, um Löwen zu stellen, doch die Angst vor Krokodilen steckt in unseren Genen.

Jamie: Ich glaube nicht, dass es hier so ein Tier gibt; da vertraue ich Esther, die muss das ja wissen. Sag mal, wie findest du die Zeit hier auf Amrum?

Laila: Super-Urlaub – Sandstrand, Dünen wie in Afrika …

Jamie: Ich höre immer nur Afrika, Afrika – da warst du doch noch nie!

Laila: … und die Eltern von Esther scheinen mich zu mögen.

Jamie: Dass sie dich mögen, habe ich dir schon vor dem Urlaub versichert. Sie sind doch großartig, oder?

Laila: Ich bin einfach sehr unsicher, was Menschen angeht. Ich bin schon zu oft enttäuscht worden.

***

Meine Eltern verwöhnen meine Hunde rund um die Uhr, verstecken Fressen oder liegen mit ihnen streichelnd auf der Couch. Jamie und Laila genießen diese Sonderration an Zuwendung. Wenn wir abends Karten spielen, liegt Jamie neben mir auf der Bank und sieht in meine Karten, als ob er mir helfen wollte, die richtige Wahl zu treffen. Dieser Hund ist einzigartig. Und unser Urlaub etwas ganz Besonderes. Wir alle leben einfach in den Tag hinein, ohne Rahmen und Zeitgefühl geben wir uns dem Fluss des Lebens hin.

Nach zwei Wochen kommt der Tag, an dem wir uns von den unbeschwerten Sandschlachten und dem Krabbenkaufen vom Kutter verabschieden müssen. Jamie ist bis auf zwei Tage gesundheitlich stabil geblieben. Nur als er sich einmal unbeobachtet einen ganzen Käse vom Frühstückstisch einverleibt hat, ist das nicht ohne Folgen geblieben. Diesen Halunken kann man wirklich nie unbeobachtet lassen!

Meine Eltern begleiten uns nach Hause. Kaum öffne ich die Haustür, schmeißt sich Jamie juchzend auf den Läufer im Flur, rennt zu jedem Korb, gefolgt von Laila. Sie springen auf die Couch, rasen voller Wiedersehensfreude in den Garten und begutachten jeden Winkel. Schnüffeln die Sträucher und Blumen nach Eindringlingen ab, bis sie erschöpft in ihrem Korb auf der Terrasse liegen und die letzten Sonnenstrahlen aufsaugen. Kurze Zeit später ist der Kuchen auf dem Tablett, den ich auf der Küchenzeile für Sekunden außer Acht gelassen habe, verschwunden. Jamie tut so unschuldig wie immer, wenn er etwas stibitzt hat, aber nachts rumort sein Bauch und er muss mich wecken: „Schnell, wir müssen raus!"

Über meine Unachtsamkeit bin ich wütend. Ich weiß ja mittlerweile, dass Jamie unter einer Inflammatory Bowel Disease (IBD) leidet, einer chronischen Entzündung der Magen-Darm-Schleimhaut. Diese Autoimmunerkrankung – vergleichbar mit Morbus Crohn bei Menschen – verläuft in Schüben. Durch die Futterumstellung, die homöopathischen Konstitutionsmittel und einen ruhigen, geregelten Alltag haben wir seine Beschwerden eingedämmt. Doch immer, wenn ich glaube, dass wir seine Krankheit im Griff hätten, bringt ihn etwas wieder aus dem Gleichgewicht. Anscheinend summieren sich verschiedene Störfaktoren so lange, bis Jamies Körper wieder aus dem Takt kommt.

Oft sind diese Störungen irgendwelche vergammelten Kleinigkeiten, die Jamie von der Straße aufliest, wenn ich nicht aufpasse. Mir wird aber auch klar, dass dieses Mal ich selbst einer der Auslöser für seinen neuen Krankheitsschub gewesen bin: Die Luftveränderung im Urlaub, auch wenn ihm das Freude bereitet hat, hatte ihn sehr angestrengt. Als er dann auch noch den Kuchen gefressen hatte – pures Gift für seinen Darm – war seinem Verdauungssystem gar nichts anderes übrig geblieben, als zu kapitulieren. Nach ein, zwei durchwachten Nächten und dank seines Konstitutionsmittels ist alles wieder im Lot. Aber wie lange wird Jamies Körper dieses Auf und Ab noch mitmachen können?

***

Am letzten gemeinsamen Abend drängt sich die gesamte Familie in meinem Praxisraum. Meine Schwester Pia ist gekommen, um die Eltern abzuholen. Sie hat ihre Klangharfe mitgebracht. Erst sind meine Eltern an der Reihe, dann Pia und ich. Jamie kennt die wohlklingenden Töne des Monochords ja schon und Laila genießt die Schwingungen, die den Raum erfüllen. Als ich den Holzkasten auf ihren Körper lege, bleibt sie ruhig auf der Seite liegen und schließt die Augen. Mit jedem weiteren Zupfen der Seiten scheint sie tiefer in den Schlaf zu sinken, bis ihr leises Schnarchen sich mit den Schwingungen der Töne verbindet. Jamie beobachtet seine Wüstenblume entspannt in der Ecke liegend, bis auch er an der Reihe ist.

Dieses Vertrauen, das mir meine Hunde entgegenbringen, berührt mich zutiefst. Ich weiß, dass es nicht selbstverständlich ist. Ich habe es mir mit meiner Fürsorge, aber auch mit Konsequenz und Durchsetzungsfähigkeit erarbeitet. Jamie und Laila sind auch für meine Eltern und meine Schwester zu richtigen Familienangehörigen geworden.

***

Jamie: Ich bin richtig zufrieden und stolz, was ich in so kurzer Zeit erreicht habe.

Esther: Das kannst du auch sein! Durch Laila und dich konnte ich aus meiner Konsumschleife ausbrechen, die mir vorher gar nicht so bewusst war. Dass ich dich zu mir geholt habe, war wohl ein Schachzug meiner Seele.

Jamie: Super, oder? Mir geht es genauso. Ich wünsche mir etwas, dann träume ich davon und schon passiert es. Wie mit dem Urlaub. Ich hatte mir gewünscht, dass Laila begreift, dass sie zu uns gehört. Und schon bist du mit uns in den Urlaub gefahren. Und du bist mit den Veränderungen doch auch glücklich – oder?

Esther: Es tut mir so gut, weniger zu arbeiten! Ohne euch hätte ich mich niemals getraut, von zu Hause aus zu arbeiten. Als ob in mir ein Widerstand gewesen war, es mir bloß nicht zu schön im Leben zu machen. Völlig verrückt! Aber mit euch beiden blieb mir keine andere Wahl. Mein Leben ist nun so was von entspannt, dass ich mir gar nicht mehr vorstellen kann, wie ich es früher ausgehalten habe. Also, ich war nicht unglücklich. Aber heute ist es so viel besser!

Jamie: So viel zu arbeiten ist ja auch absurd – du hast doch alles, was du brauchst, im Überfluss! Da muss ich mir nur die vielen Schuhe in deinem Keller anschauen. Keine Ahnung, wann du die alle anziehen willst …

Esther: Menschen sorgen sich nun mal um ihre Zukunft und glauben, dass sie glücklich sind, wenn sie materiell abgesichert sind.

Jamie: Erstaunlich, dass dich totes Zeug absichern oder sogar glücklich machen soll!

Esther: Jamie, du tust so viel für mich! Ich muss mir nur dein schwarz-weißes Fell anschauen. Das steht für mich für zwei Dinge. Erstens: Ich muss klar sein. Was will ich, was will ich nicht? Was brauche ich, was brauche ich nicht? Das ist eigentlich so einfach und klar wie deine schwarzen und weißen Flecken. Auf der anderen Seite erinnert mich dein Fell daran, dass ich nicht schwarz-weiß denken darf. Das hört sich nach einem Widerspruch an, ist es aber nicht. Wenn ich offen bleibe für Lösungen, die mein Innerer Zweifler zu unterdrücken versucht, kriege ich mehr hin, als ich zuvor glaubte. Dann wachse ich mit meinen Aufgaben. Mit diesen beiden Einsichten, die du mich gelehrt hast, lebe ich bewusster – und viel glücklicher.

Jamie: Das ist mein Job, dich in die richtige Bahn zu lenken.

Esther: Meinst du deine oder meine Bahn?

Jamie: Unsere!

7. Kapitel
Ein eingespieltes Team

O Mann! Bin ich froh, endlich wieder grünes Gras unter meinen Pfoten zu spüren! So ein Strandurlaub kann mit der Zeit ganz schön öde werden. Das einzig wirklich Lohnenswerte, was ich in den zwei Wochen zum Markieren fand, waren ein nadelloser, angeschwemmter Tannenbaum und eine tote Robbe, alles nicht der Rede wert. Auch die einsam herumstehenden Strandkörbe luden mich förmlich dazu ein, an ihnen mein Bein zu heben. Aber Esther verhinderte das jedes Mal. Da war sie eisern. Auch wenn ich sie liebe, kann die ganz schön nerven! Immer die gleiche Leier, ich soll nach ihrer Pfeife tanzen, während meine Bedürfnisse auf der Strecke bleiben. Zum Glück finde ich immer wieder mal eine Möglichkeit, sie ohne ihr Wissen zu beeinflussen. Wie zum Beispiel auf unserer Rückfahrt von Amrum. Ich sah die satten, grünen Wiesen an uns vorbeiziehen und wünschte mir nichts sehnlicher auf der Welt, als in ihnen herumzutoben. Also hypnotisierte ich von meinem Platz hinten im Wohnmobil aus ihren Nacken. Keine zehn Minuten später hielten wir an einem dieser Felder. Gewonnen!

***

Eine der wichtigsten Aufgaben von uns Hunden ist es, unseren liebgewonnenen Menschen in die für ihn richtigen Bahnen zu lenken, und ich gebe mein Bestes, dieser Aufgabe gerecht zu werden. In den zwei Jahren, in denen ich bei meinem Zweibeiner lebe, habe ich viel erreicht. Das weniger Wichtige: Mir selbst geht es um Welten besser als in meinen ersten eineinhalb Lebensjahren. Ganz gesund bin ich nicht, aber mit meinen kleinen Macken kann ich leben. Die Hauptsache für mich ist aber, dass Esther glücklich mit mir und meiner Traumhündin Laila ist. Auch über die vielen Veränderungen in ihrem Leben freut sie sich, und das wiederum macht mich stolz. Indem sie meine Wünsche erfüllte, hat sich ihr Leben zum Positiven verändert. Sie lebt jetzt in einem Haus mit Garten, den ich bewachen darf. Sie arbeitet weniger und geht zwei, drei Stunden am Tag mit uns spazieren. Die Ausflüge an den Rhein tun nicht nur Laila und mir, sondern auch ihr unglaublich gut.

Ich bin sehr zufrieden mit Esther. Eine Baustelle haben wir aber noch: Wenn sie doch nur lernen würde, diese ständigen Zweifel über Bord zu schmeißen und ihrer Wahrnehmung zu vertrauen! Es wäre alles viel einfacher für sie. Noch besser wäre es natürlich, wenn sie *mir* blindlings glauben würde – dann würde sie mir mehr von den Köstlichkeiten geben, zu denen ungerechterweise nur Menschen Zugang haben.

Also übe ich mich darin, dass meine Wünsche zu den ihren werden. Das funktioniert zwar nicht hundertprozentig, aber doch schon sehr gut. Wenn morgens unser Fleisch und unsere Kartoffeln auf dem Herd köcheln, verbringen wir die Zeit mit Frage- und Antwortspielen. Dann sitzt Esther mit einer Tasse dampfenden Kaffee auf unserer Schlafcouch. Ja, ihr habt richtig gehört, Laila und ich haben die alte Couch als Schlafgelegenheit bekommen. Niedriger als das Bett, aber um einiges höher als der Boden und mit den vielen Decken zu einem weichen und kuscheligen Nest umfunktioniert. In dieser halben Stunde trainieren wir „Was will der andere?". Manches will Esther nicht hören und anderes wiederum glaubt sie nicht.

Eines Tages las Esther uns aus einem Buch vor: „Im Riechen und Hören, ganz zu schweigen vom Erkennen beweglicher Objekte oder im Deuten der Körpersprache, sind Menschen im Vergleich zu Hunden blutige Anfänger." Das kann ich nur unterschreiben. Und mit dem Gedankenlesen ist das genauso. Dabei ist die Hundesprache weitaus einfacher als die Menschensprache, und das Gedankendeuten pure Wahrnehmung, ein Ausdehnen der Sinne. Simpel und unglaublich einfach. Es erfordert nur ein bisschen Übung und Konzentration.

Aber langsam wird Esther sicherer, und wenn sie ganz entspannt ist, kann sie jeden Blick und jede Mimik von uns deuten. Das funktioniert nicht nur auf dem Sofa. Bei unseren Streifzügen durch den Wald ist ihre Wahrnehmung so weit ausgedehnt, dass sie sofort merkt, wenn sich unser Körper anspannt. Manchmal sogar ohne hinzuschauen. Noch bevor Laila und ich unsere Schnauzen in die Höhe recken, ruft sie uns zu sich. Entweder leint sie uns ein kurzes Stück an, oder lenkt uns mit Futtersuche ab. So wie damals, mitten im Winter.

Schnee ist himmlisch, wenn er nicht von oben kommt. Ich liebe es, mit Laila zusammen über verschneite Felder zu stapfen; dieses Krick-Krack unter unseren Pfoten hört sich an wie ein Biss in einen Hundekeks. Ob mir deswegen die Kälte an meinen Pfoten gar nichts ausmacht? Wir jagten uns, bis wir von den aufwirbelnden Schneemassen umhüllt waren. Auf den feinen Eiskristallen verstärkten sich die Gerüche von frischen Tierfährten und beflügelten unsere Sinne. Meine Schnauze klebte fast auf dem Schnee, ich nahm eine Fährte auf, wollte gerade durchstarten, als mich Esthers Ruf „Jamie zu mir!“ aus meiner Konzentration riss. Kurz dachte ich darüber nach, was sie heute in den Futterbeutel getan hatte. War das nicht diese leckere Hundeblutwurst vom Metzger? Nachsehen konnte nicht schaden, und richtig, sie war es! Ich machte Sitz bekam ein großes Stück und Laila neben mir auch. Dass wir einen großen Brocken bekommen hatten, war nur gerecht, so prompt, wie ich kehrtgemacht hatte. Esther holte aus und schleuderte den Dummy über das Feld, im Rennen sah ich, wie er die Oberfläche des Schnees berührte und im selben Moment verschwand. Laila überholte mich, grub ihre Schnauze in den Schnee und fing an zu buddeln. Als ich neben ihr stand, tauchte ihre Schnauze aus dem Schnee heraus und in ihrem Fang hing der Beutel, gekonnt schnappte ich zu und rannte, dicht gefolgt von Laila, zu Esther. Erst viel später fielen mir die Fährten wieder ein. Aber da saß ich schon wieder im Kofferraum.

Das Spiel mit dem Futterbeutel liebe ich, die in ihm versteckten Leckerbissen lassen mich alles andere um mich herum vergessen. Wir Hunde können uns eben immer nur auf *eine* Sache konzentrieren, deshalb kann Esther uns mit Leckereien ganz leicht davon ablenken, etwas Verbotenes zu machen. Oh! Das ist mir jetzt so rausgerutscht, hoffentlich macht das nicht die Runde.

Ihre Feuertaufe in Sachen Wahrnehmung hatte Esther aber, als Laila auf dem Weg war, vollständig in ihre Unsicherheit abzudriften. Ich versuchte, Esther klar zu machen, dass sie einen Weg finden musste, das Rudel zusammenzuschweißen. Endlich zu dritt eine untrennbare Einheit bilden – das war mein Wunsch. Genau in diesem Moment der Krise fuhren wir in den Urlaub. Esther verstand mich und spürte, dass Lailas Leben auf dem Spiel stand. Das muss man ihr lassen: Wenn es darauf ankommt, lässt sie alles stehen und liegen und macht das Richtige.

***

Im Wünschen bin ich unübertrefflich. Und als Trainer eine Wucht! Zum Beispiel das An-der-Leine-Gehen. Normalerweise laufen Laila und ich frei, nur den kurzen Weg von unserem Haus zum Feld hängen Laila und ich wegen der Straße an der Leine. Es gibt Tage, da ist Esther für meinen Geschmack viel zu konsequent, an anderen lässt sie es mir durchgehen, wenn ich sie von einem Zaun zum nächsten ziehe. Ich weiß schon, bevor wir das Haus verlassen, wer von uns gewinnen wird. Denn ich rieche es sofort, wenn sie unaufmerksam ist und abgelenkt ihren Gedanken nachhängt. Dann mache ich mir einen Spaß daraus, sie zu trainieren. Schon am nächsten Morgen kann es mir allerdings passieren, dass sie zickig wird, wenn ich nur auch ein klein wenig an der Leine rucke. Dann stellt sie sich blitzschnell vor mich und bremst mich aus. Wenn ich sie dann weiter zu meinem Ziel ziehen will, fängt sie an, unangenehm zu riechen. Dann macht sie sich größer, als sie tatsächlich ist, und zischt ein „Skisch." Ganz selten kommt es vor, dass ich sie auch dann noch ignoriere. Dann befinde ich mich plötzlich in einem Tunnel, in dem ich nur noch mein Ziel sehe – einen Busch, den nächsten Baum oder eine Mauer. In diesem Zustand könnte Esther neben mir tot umfallen und ich würde es nicht merken. Später ist es mir furchtbar peinlich, dass ich meinen Zweibeiner im Stich gelassen habe. Denn bei Gefahr wäre ich ja nicht bei ihr gewesen. Etwas Schlimmeres kann ich mir nicht vorstellen. Diese Momente, in denen ich auf Durchzug schalte, sind ihr und mir gleichermaßen verhasst. Aber ich kann leider nicht anders. Wir Hunde haben nun mal kein wirkliches Zeitempfinden und konzentrieren uns mehr auf den Augenblick.

Dass wir unsere Tage nicht in Minuten und Stunden unterteilen, soll natürlich für unsere Menschen kein Vorwand sein, uns lange allein zu lassen. Die abgebrühten Vertreter meiner Rasse ertragen es, wenn sie den halben Tag ohne Zweibeiner aushalten müssen. Ich selbst werde nach etwa vier Stunden unruhig. Laila aber reagiert ganz anders aufs Alleinsein. Auch wenn sie Esther misstraute, war es für sie noch viel schlimmer, ganz ohne Zweibeiner zu sein.

Als Esther noch woanders arbeitete und jeden Morgen in das Haus mit dem Kater fuhr, wurde Laila sofort unruhig, rannte hin und her und fiepste. Ich brachte ihr dann den Quietschebär, wenn der nicht half, versuchte ich, sacht an ihren Halsfalten zu knappern. Manchmal beruhigte sie das, und wenn all meine Ablenkungsmanöver im Sand verliefen, überredete ich Laila, verbotenerweise in Esthers Bett zu springen. Eingehüllt in deren blumigen Duft schlief sie ein, doch wenn sie erwachte, fing alles wieder von vorne an. An guten Tagen nickte sie so lange ein, dass ich mich ein wenig ausruhen konnte. Aber meist schreckte sie nach kurzer Zeit hoch, weil sie ein Geräusch gehört hatte. Sofort geriet sie in Panik, jaulte und heulte, bis auch meine Nerven blank lagen und ich mitheulte. Wenn sich mittags die Haustür öffnete, sprang ich mit der Gewissheit, endlich erlöst zu sein, an Esther hoch. Mir kam es jedes Mal so vor, als ob wir uns Jahre nicht gesehen hätten. Meine Wüstenblume hielt sich bei der Begrüßung dezent zurück.

Erst als unser Zweibeiner uns nicht mehr jeden Tag allein ließ, wurde es besser. Im Urlaub löste sich Lailas Misstrauen endgültig in Luft auf. Wir hatten es geschafft. Wir hatten zusammengefunden und durften bei einem Menschen leben, der uns genau so annimmt, wie wir sind. So etwas ist für uns Hunde das reine Glück. Auf unseren Spaziergängen war es so, als glitten wir gemeinsam in einer Dunstwolke – als Einheit schwebend – durch den Wald!

***

Jeder von uns hat seine Geschichte. Laila und ich sind in Angst und Verzweiflung aufgewachsen. Diese seelischen Wunden werden wir nie mehr wieder los, sie bestimmen auch unser heutiges Leben. Je mehr wir unserem Zweibeiner vertrauen können, desto weniger schmerzen unsere Lebenswunden. Mir gelingt das viel besser als Laila. Doch ab und an steigen auch meine tiefliegenden Traumata an die Oberfläche meiner Seele und holen mich unweigerlich wieder ein.

Solche Prägungen sind wie ein Webfehler, an dem ein Stoff besonders leicht zu reißen droht. Bei mir ist das so: Wenn ich aufgeregt bin, bekomme ich wieder Bauchschmerzen. Zum Beispiel, wenn ich auf der Straße ein herrliches Gyrosbrötchen gefunden habe und Esther es mir aus meinem Fang reißt, so dass ich in der Eile nur die Hälfte verschlingen kann, dann wühlt mich das auf. Esther ist da anderer Meinung, was der Grund für meine Bauchschmerzen ist. Einig sind wir darin, dass Aufregungen mir nicht gut tun – so wie damals zum Beispiel, als ihre Kollegin mich mal ungefragt mit in die Stadt zum Einkaufen geschleift hatte. Esther hat dann alle Hände voll zu tun, meine Ohren- und Verdauungsprobleme in den Griff zu bekommen. Am besten gelingt ihr das, indem sie für einen ganz regelmäßigen Tagesablauf sorgt. Auch für Laila ist Zuverlässigkeit die beste Medizin.

Manche Menschen behaupten ja, dass Hunde gar kein Bewusstsein haben. So etwas beleidigt mich, ich bin doch mehr als eine Fress- und Verdauungsmaschine! Esther gehört natürlich nicht zu denen, die uns Hunden jede Lebensweisheit absprechen. Irgendwann hörte ich sie laut denken: „Heilung kann nur über die Veränderung des eigenen Bewusstseins geschehen." Recht hat sie! Ich glaube fest daran, dass ich wieder ganz gesund werde. Natürlich ist das gar nicht so einfach, wenn einem ständig etwas wehtut. Aber wenn jemand sagt: „Das wird nie mehr wieder gut werden!", dann ist mit der Hoffnung auch jede Chance verloren. Hoffen und Wünschen – das sind die Voraussetzungen jeder Verbesserung. Wie sollte sich auch jemals etwas zum Guten wenden, wenn ich mir nicht wünschen würde, wieder ganz gesund zu werden?

Und wie sollte jemals etwas daraus werden, wenn nicht Esther die Hoffnung hätte, dass Laila und ich durch ihre Liebe und das Vertrauen, das sie uns entgegenbringt, gesunden werden?

Eines Morgens, ich hatte gerade mein Bein gehoben, hielt Esther einen kleinen Plastikbecher in meinen Strahl. Und keine Woche später bekam ich endlich die Pille, die ich mir schon seit unserem ersten Hundetraining gewünscht hatte. Und siehe da! Ich konnte mich viel besser konzentrieren. Nur noch ganz selten rutsche ich in diesen rauschenden Tunnel ab, in dem kein einziges Wort mehr zu mir durchdringt. Da bin ich richtig froh, denn dieses Nicht-erreichbar-Sein kann ich mir nicht mehr leisten. Schließlich muss ich jetzt nicht mehr nur auf Esther, sondern auch auf meine Wüstenblume aufpassen.

***

Esthers Praxisverlegung ins Haus machte Laila und mich glücklich. Allerdings hatte ich mehr zu tun als je zuvor. Hinter dem Gitter zum Flur musste ich auf den nächsten Eindringling lauern. Esther behauptet ja immer, dass von den Besuchen ihrer Patienten mein Fressen abhängt. Aber das ist Unsinn, denn schließlich bringen sie höchstens mal eine Leckerei mit.

Was sie mitbringen, sind die Gerüche nach Schmerzen, Sorgen und Ängsten – und Adrenalin. Also belle ich aufgeregt; auf keinen Fall darf Esther etwas zustoßen! Doch anstatt meine Warnung ernstzunehmen, scheucht Esther mich immer wieder in meinen Korb. Es hat lange gedauert, bis ich kapiert habe, dass Esther die Emotionen der Menschen nicht riecht. Umso mehr muss ich auf sie aufpassen, um sie im Notfall schützen zu können. Ich bleibe stur und belle tapfer; mit dem Ärger, den ich mir damit einhandele, muss ich eben leben. Wenn die Menschen in den Behandlungsraum verschwinden, hopse ich mit Laila auf unsere Couch. Doch kaum habe ich mich entspannt, kommt auch schon der nächste Patient. Ganz schön anstrengend!

Laila: Jamie, das ist doch nicht so schlimm! Keine Sorge, die gehen alle wieder. Genieß es wie ich, dass Esther nebenan ist. Endlich können wir uns sicher fühlen.

Jamie: Ja, aber riechst du denn nicht, was für Sorgen und Ängste manche von den Patienten mitbringen? Da wäre ich lieber dabei. Dann könnte ich achtgeben, dass ihr nichts passiert.

Laila: Du musst nicht auf Esther aufpassen, eigentlich passt sie doch auf uns auf. Vertraue ihr! Sie schafft ihren Beruf auch ohne unsere Hilfe sehr gut. Wenn wir draußen spazieren gehen, hast du genügend Gelegenheit, dich um sie zu kümmern.

Jamie: Ich will trotzdem bei ihr im Behandlungsraum sein, sie unterstützen und wachsam sein. Dass sie überhaupt nicht wertschätzt, was ich leiste, macht mich ganz verrückt.

Laila: Du bist eben ein echter Dalmatiner.

***

Nach unserem gemeinsamen Urlaub war meine Wüstenblume in unserem Rudel angekommen. Wir durchlebten einen stürmischen Herbst, einen verschneiten Winter, den Duft des erwachenden Frühlings und einen heißen, stickigen Sommer. Bis langsam die nebelverhangene, kühle Luft über den Feldern den Herbst ankündigte. Wir waren glücklich. Ich dachte, das würde nun immer so weitergehen, doch eines Tages geschah etwas Verhängnisvolles.

Auf den lang gestreckten Wiesen meiner Hundeschule trafen wir auf eine Frau mit einer Ridgeback-Hündin. Ich hatte die beiden nie zuvor hier gesehen; waren die neu in unserer Stadt? Meine Wüstenblume verhielt sich sonderbar. Ihr Rücken wölbte sich zu einem Katzenbuckel, wie ich es bisher nur bei Tomi gesehen hatte. Die Rute zwischen ihre Beine geklemmt, duckte Laila sich, drehte ihren Kopf zur Seite und leckte über ihren Fang. Für mich sah sie aus wie ein Welpe, der sich einem erwachsenen Hund nähert und keinen Ärger haben will.

Wer sind diese Frau und dieser Hund? Wenn wir ihnen begegnen, läuft Laila mit ihnen sehnsüchtig mit. Ich renne hinter ihr her, animiere sie zu einem Spiel – vergebene Liebesmüh. Esther und ich existieren für Laila nicht mehr. Ich rieche Esthers Verzweiflung, mein Adrenalin – und Lailas Sehnsucht. Esther versucht, den beiden aus dem Weg zu gehen, doch immer wieder treffen wir aufeinander. Dann müssen wir Laila jedes Mal an der Leine zurück zum Wagen zerren. In kürzester Zeit ist all das, was Laila an Vertrauen und Zuversicht aufgebaut hat, verloren. Es braucht jedes Mal Tage, bis sie aus ihrem Schneckenhaus wieder herauskommt und bereit ist, mit mir zu sprechen.

Jamie: Laila, woher kennst du diese Frau und diesen Hund?

Laila: Ach Jamie, endlich habe ich meine erste Besitzerin wiedergetroffen. Jetzt habe ich noch mehr Sehnsucht nach ihr als zuvor. Auch die Hündin kenne ich. Es ist die Hündin ihres Freundes. Als ich von der Frau weggegeben wurde, hat sie mich ersetzt.

Jamie: Laila du bist einzigartig, dich kann man nicht ersetzen.

Laila: Das sagst du, aber meine „Fast-Schwester" darf bei ihr leben und ich nicht.

Jamie: Du hast doch ein neues Zuhause gefunden und du hast mich.

Laila: Ich weiß, aber der Verlust sticht in meinem Herzen, Dunkelheit holt mich ein und ich bekomme keine Luft mehr. Ich bin wie gelähmt. Als Welpe war ich so glücklich gewesen, dass mich jemand ausgesucht hatte! Ich habe mein Herz an die Frau verschenkt – und ich habe nun mal nur eines.

Jamie: Deine Liebe hat sie nicht verdient. Sei froh, dass du jetzt bei Esther und mir bist. Mit uns bist du doch glücklich, oder?

Laila: Ohne dich hätte ich die Trennungen nicht überlebt.

Jamie: Vielleicht verblasst ihr Bild in deiner Erinnerung, wenn du sie endlich nicht mehr sehen musst. Bei mir war das jedenfalls so; die grässliche Familie, von der ich nach eineinhalb Jahren befreit wurde, habe ich fast vergessen. Hab' Geduld, die Zeit lässt Gras drüber wachsen. Vertraue meinem Instinkt!

Laila: Nein, bei mir ist das anders. Wir Ridgebacks sind außerordentlich loyal und sensibel. Ich vergesse niemals.

Jamie: Damit tust du Esther aber ganz schön unrecht. Sie liebt dich genauso wie mich. Ich hab sogar das Gefühl, sie kümmert sich mehr um dich. Merkst du nicht, wie besorgt sie um dich ist?

Laila: Ist mir nicht aufgefallen.

Jamie: Wie denn auch, wenn du dich vergräbst und immer nur selbst bemitleidest?

Laila: Ich kann nichts dagegen tun. Die Liebe zu unserem ersten Zweibeiner liegt nun mal in meiner Rasse, darum nennt man uns auch „One Man Dogs".

Jamie versteht mich nicht. Seine Verletzung ist ganz anderer Art als meine. Er hat es ja nicht erlebt, als Welpe in einer liebevollen Familie aufzuwachsen, in der man sich voll und ganz auf einen Menschen einlässt und ihm vertraut. Sicher leiden andere Hunde auch darunter, wenn sie von ihrem Menschen getrennt werden, aber sie verzweifeln nicht daran. Von allein komme ich aus meiner Depression nicht heraus. Gut, dass Jamie und Esther mir helfen. Seit Kurzem dürfen Jamie und ich in einer Art Tipi schlafen. Die Begrenzung gibt mir Sicherheit und lässt mich durchschlafen. Und auch die Erinnerung an den Urlaub, in dem ich das erste Mal den Sand meiner Vorfahren unter meinen Pfoten spürte, hilft mir. Vielleicht schaffe ich es ja doch noch, mich an Esther zu binden.

Laila und ich unterscheiden uns in einem wesentlichen Punkt: Sie hält an ihrem Wunsch fest, klammert sich förmlich daran, ist verzweifelt und kann an nichts anderes denken. Wenn dagegen ich mir etwas von ganzem Herzen wünsche, vergesse ich den Wunsch. Ein bisschen ist das wie Träumen. Ich verfolge den Traum nicht, ich will ihn nicht zwingen ... und irgendwann tritt er ein. Das kann sofort sein oder nach einigen Tagen, es kann auch viel Zeit verstreichen. Man kann es auch so sagen: Laila versucht mit aller Kraft, ihre Wünsche festzuhalten und herbeizuzwingen – ich dagegen lasse sie los. Vielleicht liegt das daran, dass meine freudige Neugier mich alles wie ein Schwamm aufsaugen lässt. Ein Gedanke jagt den anderen und meine Aufmerksamkeitsspanne ist nicht sehr groß. Da ist gar kein Platz, sich wie Laila in einen Schmerz hineinzugraben.

Wir drei sind in einer scheinbar ausweglosen Situation: Esther und ich wollen Laila helfen und sie von ihrem Schmerz ablenken, doch Laila ist kaum noch zu erreichen. Da ereignet sich etwas, womit niemand von uns gerechnet hatte.

***

In den letzten Tagen hat sich Lailas Geruch verwandelt. Sollte das etwa bedeuten …? Das wäre wunderbar! Ständig leckt sie sich. So fällt es außer mir keinem weiter auf, dass hier etwas Außergewöhnliches vor sich geht. Meine Wüstenblume hat einen unglaublich günstigen Zeitpunkt für ihre Läufigkeit gewählt. Ein verheißungsvoller Urlaub steht uns bevor. Wenn Esther wüsste, was mit Laila los ist, würde sie mit uns wohl nicht zu ihrer alljährlichen Fortbildung fahren.

Dieses Jahr wohnen wir nicht in dem kleinen Zimmer mit Blick auf das Sonnenblumenfeld. Wir beziehen mit unserem halben Hausstand ein großes Apartment. Hier treffen wir auf die Pfirsichfrau und auch auf Esthers Freundin Barbara. Sie soll uns die Stunden versüßen, in denen Esther abwesend sein wird. Diesen Luxus habe ich Laila und ihrer panischen Angst, verlassen zu werden, zu verdanken.

Als sich die Tür zu unserem Apartment öffnet, stehe ich in einem kleinen Flur, der in einen Wohnbereich übergeht. Am hinteren Ende kann ich durch eine Glasfront in den kleinen Garten schauen. Er läuft in einen steilen Hang aus, der sich in dem angrenzenden Feld verliert. Ein paar Meter entfernt liegt ein mit Schilf bewachsener Teich, in dem Enten schwimmen. In der angrenzenden Scheune hängt der Geruch nach Katzen. Überall der Duft nach Dung und aufgerissener Erde. Es riecht nach Hühnern und Gänsen, die ihre gackernden Lieder über die Felder tragen, nach Pferden, Eseln, Kühen, Hasen, Rehen und – nicht zu verachten – anderen Hunden. Der erfreulichste Sinneseindruck aber ist unser Fressen, das sich in der Küche stapelt. Meine Vorfreude ist groß: Laila und ich werden überall herumstöbern und über die Strände jagend jedem Hasen in die Dünen folgen – vorausgesetzt, Esther ist nicht dabei.

Morgens zeigt sich der Herbst mit feuchten, in Nebel gehüllten Wiesen. Doch mittags lädt mich die Kraft der Sonne zum Baden ein. Die kühle Frische der Ostsee lockt mich, durchtränkt mein Fell, der modrige Geruch von Tang und das Kitzeln der Sandkörner unter meinen Pfoten beflügeln mich in gleichem Maße wie Lailas unwiderstehlicher Geruch. Mit jedem Tag wird sie zickiger. Sie knurrt mich an, wenn ich keinen Sicherheitsabstand von sechsmal meiner Körperlänge einhalte. Ich muss geduldig sein, der richtige Zeitpunkt wird kommen.

Esther hat endlich mitbekommen, dass Laila läufig ist. Lailas Putzen hat nicht mehr den Erfolg wie die Woche zuvor, sie bekommt eine Art Hose an und wir müssen in getrennten Räumen schlafen. Ich bekomme mit, wie Esther Barbara inständig bittet, Laila keinen Moment mehr aus den Augen zu lassen und sie nur noch an der Leine zu führen. Ich bin ganz entspannt – Laila und ich werden einen Weg finden. Noch ist der Zeitpunkt nicht gekommen. Nachts droht auch keine Gefahr, dass ihr ein anderer Rüde zu nahe kommt. Meine Wüstenblume gehört nur mir ganz allein.

***

Bei unseren langen Strandspaziergängen läuft Laila ohne die Hose; Barbara fühlt sich sicher, denn sie hat Laila ja an der Leine. Wir sind auf dem Rückweg, links das Meer, rechts die Sanddünen und dahinter der Wald, als plötzlich ein Ridgeback-Rüde um die Ecke schießt. Im ersten Moment erstarre ich, aber dann baue ich mich vor ihm auf. Mir ist so, als könnte ich es auch mit zehn von diesen Riesen aufnehmen, schließlich geht es um den Schutz meiner läufigen Hündin. Mein Fell zu einem Kamm gesträubt, die Rute in Skorpionstellung, lege ich meine Ohren an, fletsche die Zähne und stelle mich steifbeinig zwischen Laila und meinen Widersacher. Ich bin bereit zu einem unerbittlichen Kampf. Mein Gegner riecht meine Entschlossenheit und zieht sich nach wenigen Drohgebärden zurück. Das ist heute schon der Sechste, den ich in seine Schranken weisen muss. Die Anstrengungen der letzten Tage haben mich ziemlich erschöpft. Deshalb fällt mir erst nach ein paar Minuten auf, dass Laila mich nicht mehr anknurrt. Und ihr Geruch ist so atemberaubend, dass mir die Luft wegbleibt. Ich sitze wie auf einem sich im Kreis drehenden Kettenkarussel, als ihre erlösenden Worte aus weiter Ferne zu mir durchdringen: „Worauf wartest du? Es ist so weit."

Mit einem kaum merklichen letzten Ruck windet sie sich aus ihrem Halsband. Ihr Duft umhüllt uns und trägt uns wie eine Sturmbö davon. Ungeduldig rennen wir die steilen Hänge der Küste hinauf ... und freudig rennen wir sie wieder herunter. Dazwischen liegt eine uns endlos erscheinende, glückliche Zeit. Als wir wieder molligen Sand unter unseren Pfoten spüren, rasen wir über den Strand. Barbara ist erleichtert, dass wir wieder da sind. Hat sie bemerkt, was geschehen ist? Ich spüre, dass sie glaubt, wir wären einem Hasen hinterhergejagt. Abends beim gemeinsamen Essen verrät sie kein Sterbenswörtchen über Lailas Ausbruch. Es ist ihr wohl peinlich, dass Laila ausgebüxt ist.

Jamie: Laila, geht es dir gut?

Laila: Fantastisch, ich fühle mich zum ersten Mal in meinem Leben rundum vollständig. Und du?

Jamie: Alleine der Gedanke, meine einzigartigen Gene weitergegeben zu haben, lässt mich im siebten Himmel schweben.

Laila: Diese naturgemäße Kleinigkeit werden wir meistern, da bin ich mir ganz sicher.

Jamie: Das denke ich auch. Ich bin einfach nur glücklich! Eine einzige Sorge habe ich allerdings: Was wird Esther sagen, wenn sie es herausbekommt?

***

Esther hält es immer noch für nötig, uns zu trennen. Sie sagt immer wieder, für Nachwuchs hätte sie keine Zeit. Na, wenn die sich da mal nicht irrt. Als wir wieder zu Hause ankommen, glaubt Esther, dass Lailas Läufigkeit vorüber ist und alles geht wie gewohnt weiter.

Lailas Geruch verändert sich erneut, aber die Nase unseres Zweibeiners ist viel zu unsensibel, um einen

Unterschied wahrzunehmen. Das Einzige was Esther auffällt, ist Lailas Schlafbedürfnis. Drei Wochen nach unserer Heimkehr fängt meine Wüstenblume an, ihr Fressen zu erbrechen und an allem herumzumäkeln. Ich freue mich und falle über die übrig gebliebenen Futterreste her. Einige Tage später bemerkt Esther, dass Laila nun alles in Windeseile verschlingt und dann noch an meinem Napf mitfressen will – nie scheint sie genug zu haben. Esther glaubt, dass Lailas merkwürdiges Verhalten mit dem bevorstehenden Winter zu tun hat. Typisch Mensch: Statt die Augen aufzumachen, reimen sie sich lustige Erklärungen zusammen. Sechs Wochen später wird meine Wüstenblume immer runder und trottet nur noch langsam hinter uns her. Keine meiner Aufforderungen zu Jagdspielen erreicht sie mehr. Ich erwische Esther dabei, wie sie laut darüber nachdenkt, was mit Laila los ist: „Langsam mache ich mir Sorgen. Mehr als sonst bekommt sie nicht zu fressen und Jamie lässt sie nicht an seinen Napf, aber ihr Bauch wird immer dicker. Ist sie krank? Oder ist etwa das Unmögliche geschehen?"

Esther nimmt den Hörer und wählt Barbaras Nummer. Ich weiß: Jetzt wird alles herauskommen. Wie wird Esther reagieren? Ich kenne sie mittlerweile in- und auswendig, aber in diesem Fall habe ich keine Ahnung, was auf uns zukommt. Ein Wutausbruch? Ein Freudentanz? Am schlimmsten wäre wohl einfach nur Stillschweigen. Nichts von alledem tritt ein.

Esther legt langsam den Hörer auf und schaut uns durchdringend in die Augen: „Na, das habt ihr zwei ja wunderbar hinbekommen."

***

Esther will Gewissheit, auch wenn sie im Grunde ihres Herzens ja schon weiß, woran sie ist. Laila wird zu unserer Tierärztin getragen, denn sie weigert sich, diese Räume freiwillig zu betreten. Zum Glück darf ich mitkommen. Ich muss doch auf Nummer sicher gehen, dass meiner Wüstenblume in ihrem Zustand nichts passiert. Eine gelartige Flüssigkeit wird auf Lailas Bauch geschmiert, ein Gerät gleitet hin und her und gleichzeitig kann ich ihren Bauchinhalt auf einem Bildschirm erkennen. Ich starre auf diesen Bildschirm, sehe Schatten, und höre, dass die Anzahl der Welpen nicht mit Sicherheit feststellbar ist. Aber durch den rosigen Freudennebel kommt nur eines bei mir an: „Alles ist in bester Ordnung."

Esther: Ich fasse es nicht, dass ihr mich und Barbara übertölpelt habt!

Jamie: Das ist Natur, wir sind Hunde und keine Menschen – schon vergessen? Und glaub mir, so kleine süße Hundebabys, das hast du doch noch nie erlebt, du wirst entzückt sein.

Esther: Ein unglaublich schlechter Zeitpunkt ... Aber gibt es für Nachwuchs überhaupt einen geeigneten?

Jamie: Sieh es mal so: So etwas Fantastisches passiert einem nicht jeden Tag. Obwohl kein einziger Traum mir dieses Wunder vorhergesagt hat, ist es eingetroffen. Das Schicksal meint es gut mit mir.

Esther: Machst du dir denn gar keine Sorgen? Du bist doch noch nie zuvor Vater geworden. Kannst du das denn?

Jamie: Klar, da hab ich keinen Zweifel. Etwas anderes macht mir Kummer: Mein ganzes bisheriges Leben war ich geplagt von Krankheiten. Sie sind zwar erträglich geworden, seitdem ich bei dir lebe, aber verlassen haben sie mich nie. Was wäre, wenn nun auch die Welpen …

Esther: Ach, Jamie. Ganz gleich was kommt, ich werde für euch da sein. Bis jetzt hat sich alles, was mit dir zusammenhängt, als gut erwiesen. Ich vertraue jetzt einfach mal darauf, dass sich auch in dieser Situation alles zum Positiven wenden wird.

8. Kapitel
Neun Piranhas

Ich habe das Gefühl, nie satt zu werden. Sehnsüchtig schaue ich von meinem spiegelblank geputzten Napf zu Jamies hinüber, der ebenso leergefegt ist. Da landet plötzlich Nachschlag in meiner Schüssel – zum ersten Mal, seit ich bei Esther bin. Früher hätte mich das kaum interessiert, ich bin kein besonders guter Esser. Ich kann mich kaum noch an Zeiten erinnern, in denen mein Magen sich nicht wie verknotet anfühlte. Aber seitdem ich Welpen austrage, bin ich richtig gierig geworden. Damit ich in Ruhe fressen kann, bekommt auch Jamie noch eine Kleinigkeit. Ich lächle in meinen Fressnapf hinein, als ich höre, wie er seine Zusatzration freudig aufschlabbert. Er frisst einfach für sein Leben gern.

Auf Jamie kann ich zählen, er wird ein guter und konsequenter Hundevater sein. Keinen Millimeter weicht er mehr von meiner Seite. Wenn ich mich auf unserer Couch gemütlich ausstrecke und die Sonnenstrahlen genieße, dulde ich manchmal, dass er sein Ohr auf meinen Bauch legt. In seinem Blick liegt dann immer etwas Weiches, Liebevolles. Aber wenn eines der Wesen zutritt, weicht er erschrocken und unsicher zurück. Draußen ist er mutiger. Da beschützt er mich und unseren Nachwuchs. Wenn mir ein fremder Hund zu nahe kommt, wächst er über sich hinaus. Selbst wenn es eine Dänische Dogge oder ein Wolfshund ist, stellt er sich vor mich und droht steifbeinig, bis der andere sich trollt.

Er ist nicht nur der perfekte Beschützer, er wird auch ein guter Vater sein. Wenn wir früher auf unseren Spaziergängen auf junge, ungestüme Welpen trafen, war er sehr nachsichtig. Das hat mir von Anfang an gut an ihm gefallen. Gutmütig ließ er sich von ihnen anrempeln und von ihren spitzen Zähnen am Hals zwicken. Senkten sich kleine, scharfe Krallen in sein Fell, weil die Welpen sich an ihm hochziehen wollten, lief er einfach weiter und tat so, als wäre nichts. Ich dagegen bin viel ungeduldiger gewesen. Wenn auf der Hundewiese Welpen waren, knurrte ich sie an, fletschte die Zähne und verscheuchte sie wie lästige Schmeißfliegen.

Jamie hat ein bisschen Sorge, ich könnte mit unseren Welpen genauso ruppig umgehen. Aber bei den eigenen wird das bestimmt anders sein, da bin ich mir sicher. Ich merke, wie meine Gefühle sich klären. Seit meine erste Besitzerin mich verlassen hatte, waren sie verwirrt und schmerzten. Doch nun ist etwas viel Wichtigeres, Fundamentaleres in mein Leben getreten. Ich werde wieder ruhiger und ausgeglichener. Die Tage bestehen für mich nun nicht mehr aus Kampf und Angst, sondern aus reiner Freude und Vertrauen. Ich hatte ganz vergessen, dass das Leben so friedlich sein kann.

***

Und noch etwas ist schöner als je zuvor geworden. Jamie und Esther sind so sehr aufeinander eingeschworen, dass ich immer das Gefühl hatte, nicht ganz dazuzugehören.

Doch jetzt dreht sich alles nur noch um mich ganz allein und nicht mehr nur um Jamie. Wundervoll, so beachtet zu werden!

Statt zweimal gehen wir jetzt dreimal am Tag raus, dafür nicht mehr so lange. Früher waren wir jedes Mal ein bis zwei Stunden unterwegs, manchmal durften wir sogar neben dem Fahrrad her rennen. Aber jetzt bin ich schon nach einer halben Stunde Spaziergang erschöpft. Dafür bekomme ich doppelte Rationen, und Esther achtet darauf, dass alles darin ist, was ich brauche. Nur das mit dem Temperaturmessen finde ich ausgesprochen lästig. Jeden Morgen misst Esther sie – in meinem Po! Ist das wirklich nötig? Jamie läuft dann jedes Mal angewidert aus dem Zimmer. Seitdem er einmal eine Analdrüsenverstopfung hatte, reagiert er richtig hysterisch, sobald jemand an diesem intimen Ort herumhantiert.

Eines Abends verschwinden Jamie und Esther im Keller. Lautes Sägen, Schleifen und Hämmern dringt nach oben. Neugierig stehe ich vor der offenen Kellertreppe und sehe hinunter in das dunkle Nichts. Ich habe schon immer Angst vor dieser Schwärze gehabt. So gerne ich auch bei Jamie und Esther da unten wäre, ich schaffe es nicht, auch nur einen Schritt die Kellertreppe hinunter zu tun. Zu groß ist die Angst, das Nichts könnte mich entdecken und wieder Besitz von mir ergreifen. Also starre ich in den Keller, lausche den Geräuschen.

Und dann wird eine monströse Holzkiste die Treppe hinaufgetragen. Was ist das? Esther stellt sie in die Ecke gegenüber dem Kachelofen. Jamie und Esther sind die Größten! Ein warmer, gemütlicher Ort für mich und die Welpen – genau so einen hätte ich mir auch selbst ausgesucht. Jamie legt einladend eine Holzrinde vor mir ab. Ich schnappe zu, knabbere daran, stehe auf und begutachte die Kiste. Sie ist so groß wie der riesige Korb, in dem Jamie und ich zu zweit genug Platz haben. Die Ränder sind ungewöhnlich hoch und vorne gibt es eine abnehmbare Schiebetür. Innen läuft eine Distanzleiste die Wand entlang, unter der sich die Welpen in Sicherheit bringen können, sollte ich mal nicht aufpassen, wenn ich mich hinlege. Als ob ich einen meiner Lieblinge zerdrücken würde! Aber sicher ist sicher.

Interessiert schaue ich zu, wie Esther die Kiste auspolstert. Auf die unteren Holzplanken legt sie eines unser dicken, weichen Kissen, die sonst immer vor dem Kachelofen liegen. Darüber kommen Leinentücher und eine nach Plastik riechende Auflage mit einem weißen, weichen Flaum. Ganz oben thront eine unserer Mikrofaserdecken. Ich lege mich in die Kiste, drehe und wende mich – perfekt!

Vorerst schlafe ich aber lieber mit Jamie auf unserer Couch in Esters Schlafzimmer. Eng an ihn gekuschelt gibt er mir Geborgenheit und Sicherheit. Ich genieße seine Nähe, sein weiches warmes Fell und seinen gleichmäßigen Herzschlag. Aber tagsüber lege ich mich in meine Wurfkiste. Nur ein einziges Mal hat Jamie versucht, zu mir in die Kiste zu kommen, es ist ja auch ganz schön kuschelig hier drin. Aber da verstehe ich keinen Spaß! Diese Kiste ist für mich und unsere Nachkommen bestimmt – für niemanden sonst. Außerdem bin ich mehrmals täglich damit beschäftigt, alle Decken von einer Ecke der Wurfkiste in die andere zu scharren. Bei dieser wichtigen Aufgabe würde Jamie nur stören. Jetzt sitzt er nachdenklich auf der Couch, weil ich ihn gerade mal wieder angeknurrt habe. Stirnrunzelnd beobachtet er mein Treiben.

***

Ich muss zugeben, dass Jamie anfängt, mir auf die Nerven zu gehen. Seit Tagen klebt er wie ein Schatten an mir. Auch seine ständigen Fragen, wie es mir gehe, machen mich ungeduldig. Ich will einfach nur meine Ruhe und beachte ihn nicht. Je weiter meine Tragzeit fortschreitet, umso häufiger weise ich ihn zurück. Ein bisschen tut er mir leid, aber das muss er jetzt einfach aushalten. Wieder einmal erweist sich Jamie als großartiger Freund: Bei anderen Hunden ist er ein richtiger Draufgänger und würde sich nie etwas bieten lassen, aber meine Zurechtweisung akzeptiert er ohne Murren. Danke, Jamie! Eine beleidigte Leberwurst könnte ich jetzt auch wirklich nicht brauchen.

Immer dicker wird mein Bauch. Der Kofferraum in Esthers Auto gehört nun mir ganz allein, Jamies Platz ist die Rückbank. Seit Tagen darf ich nicht mehr aus dem Kofferraum springen, sondern soll über eine schmale Rampe hinaus- und wieder hineinbalancieren. Da muss ich mich ganz schön darauf konzentrieren, nicht abzurutschen. Ich werde immer unsicherer auf den Beinen. Das nervt!

Heute bei unserem Mittagsspaziergang musste ich plötzlich stehen blieben. Mein Bauch krampfte und ich konnte keinen Schritt mehr weitergehen. Als ich endlich wieder im Kofferraum saß, sah ich Jamie und Esther zu, wie sie über die Felder rannten. Ich war einfach nur froh, mich ausruhen zu dürfen. Kaum war ich eingeschlafen, sprang Jamie auch schon mit einem Höllenlärm auf den Rücksitz und linste frech durchs Gitter: „Alles okay, du Schlafmütze?“

Die Krämpfe in meinem Bauch nehmen zu. Das Haus will ich gar nicht mehr verlassen. Am Napf stehend knab-

bere ich lustlos am Fleisch und einer Kartoffel herum und überlasse die Reste Jamie, der sein Glück gar nicht fassen kann. Nachdem er auch meinen Napf geleert hat, fragt er mich irgendetwas. Aber ich bin so mit mir beschäftigt, dass er keine Antwort von mir bekommt.

***

Jamie: Laila antwortet mir nicht mehr, das ist kein gutes Zeichen. Wenn ich nicht mehr zu ihr durchdringen kann, hat sie Stress.

Esther: Ja, es ist wohl so weit. Keine Sorge! Ich habe Eva schon angerufen, sie wird uns helfen. Sie ist Züchterin und hat schon oft Hundegeburten begleitet.

Jamie: Wo bleibt sie denn? Schau dir Laila an! Ihre Lefzen sind etwas nach vorne gezogen. Sie hat Schmerzen!

Esther: Jamie, beruhige dich! Eva kommt gleich, sie muss nur ihre eigenen Hunde für die Nacht bei Freunden unterbringen.

Jamie: Wird Laila denn eine ganze Nacht brauchen, um meine Welpen zu gebären? Glaub bloß nicht, du könntest mich aussperren!

Esther: Wenn Du dich benimmst und auf der Couch liegenbleibst, kannst du meinetwegen dabei sein.

***

Der Kachelofen bollert und verwandelt unser Wohnzimmer in eine wohlige sommerliche Höhle. Ich liege unruhig in meiner Wurfkiste, mein Bauch spannt und entspannt sich in schnellem Wechsel. Wenn ich meinen Rücken gegen die Begrenzung drücke, tut es nicht so weh. Jamie steht vor meiner Kiste, schnuppert nervös, rennt zur Eingangstür und wieder zu mir. Ich ignoriere ihn, bin mit mir und diesen wellenartigen Schmerzen beschäftigt. Ich hechele, stehe auf, scharre alle Unterlagen in eine Ecke und lege mich auf den Deckenberg. Kaum liege ich, werde ich erneut unruhig, stehe auf, drehe mich um die eigene Achse und drapiere alles in einer anderen freien Ecke zu einem neuen Haufen zusammen. Zwischen Hecheln und Lecken spannt sich mein Bauch immer wieder an.

Da klingelt es an der Haustür, ich bleibe auf meinem Deckenknäuel liegen, während Jamie laut bellend zur Tür rennt. Evas freudige Stimme schallt bis ins Wohnzimmer, aber ich bewege mich keinen Millimeter von meinem Platz. Als sie mich streichelt, drehe ich unwillig meinen Kopf zur Seite. Mir ist alles zu viel. Der Trubel um mich, Jamies und Esthers Unruhe … und jetzt riecht es auch noch nach Käse, Wurst, Brot, Tomaten, Weintrauben und Gurken, und nach frischer Butter – widerlich! Eva und Esther essen, trinken Wein und Tee und unterhalten sich. Ihr Blick fällt immer wieder auf mich, und Jamie tigert um den Tisch. Kaum stehe ich auf und laufe unsicher zur Küchentür, folgen mir alle. Selbst Jamie lässt den Käse Käse sein.

Ich wackele durch die Hecken Richtung Wiese und erleichtere mich. Nicht einmal dabei habe ich meine Ruhe! Ein Lichtstrahl trifft mich, als Esther mit ihrer Taschenlampe genau auf die Pfütze leuchtet. Kann sie der Natur nicht einfach mal ihren Lauf lassen? Ich drehe mich im Kreis, scharre kurz in der Erde, mache einen Buckel und wackele zielstrebig zurück. Kurz vor der Kiste knickt meine Rute bogenförmig an der Wurzel nach unten ab und eine Flüssigkeit schießt schwallartig aus mir heraus. Na endlich! Jetzt geht es los.

Kaum liege ich in der Kiste, stütze ich meinen Rücken, die Vorder- und Hinterpfoten wieder an die Wände. Wellenförmige Bewegungen lassen meinen Körper erbeben, türmen sich auf und werden immer unerträglicher, bis plötzlich eine kleine Blase zwischen meinen Beinen liegt. Instinktiv beiße ich sie vorsichtig mit einem meiner Eckzähne auf. Dann zerbeiße ich mit den Backenzähnen die Schnur, die mich mit meinem Erstgeborenen verbindet. Ich lecke dieses kleine Wesen so lange, bis es von selbst an meine Zitzen robbt. Die Nachgeburt fresse ich auf.

Und schon liegt die nächste kleine Blase zwischen meinen Hinterläufen.

***

Esther: „Jamie, die Nachgeburt ist nicht für dich bestimmt. Ich sehe, wie du lauernd auf der Couch liegst."

Jamie: „Riecht unwiderstehlich."

Esther: „Benimm dich, sonst musst du raus."

Jamie: „Unmöglich! Meine mentale Unterstützung ist für Laila wichtig."

***

Die sanfte Musik, die Esther aufgelegt hat, beruhigt mich. Nun saugen bereits zwei kleine Welpen an meinen Zitzen, da kommt auch schon der dritte. Ein kurzes Aufbäumen und das vierte liegt zwischen meinen Hinterläufen. Wie in Trance verrichte ich immer das gleiche Ritual: Blase aufbeißen, Nabelschnur durchbeißen, trockenlecken … Erst dann fresse ich die Nachgeburt und ruhe mich aus.

Vier Welpen. Habe ich es schon geschafft? Erschöpft schlafe ich ein. Die anfänglichen Schmerzen sind längst verflogen. Kurze Zeit später spüre ich großen Durst. Als ich von dem Wasser trinke, das neben der Kiste steht, kommt Nummer fünf. Als ich mich wieder hinlege, der Sechste. Begierig saugen die beiden ihr Lebenselixier ein, die anderen vier schlafen schon.

Kurz bevor ich die Augen schließe, liegt Nummer sieben neben mir. Noch nie in meinem Leben bin ich so müde gewesen. Sieben kleine Fellknäuel schlafen an meinen Zitzen. Ich versuche wach zu bleiben. Ich weiß nun, dass noch nicht alle geboren sind, aber meine Augen fallen vor Erschöpfung immer wieder zu. Bis mich plötzlich wieder wellenförmige Krämpfe wecken und Nummer acht geboren wird. Wieder Aufbeißen, Abbeißen, Trockenlecken. Fühle dabei aber keine Freude, nur Leere, mit der ich in einen tiefen, erschöpften Schlaf falle.

Die Unruhe im Raum lässt mich plötzlich hochschrecken. Instinktiv schaue ich zu meinen Zitzen, alle acht schnaufen wohlig. Wie durch einen Schleier sehe ich Jamie auf der Couch mich mit weit aufgerissenen Augen hilflos anstarren. Er riecht, dass noch ein kleines Wesen in mir steckt. Auch Esther und Eva wissen es. Woher? Bestimmt von Jamie.

Esther schaut ständig auf ihre Uhr und schleicht ums Telefon herum, sie will die Tierärztin anrufen. Aber Eva bleibt ruhig. Da spüre ich, wie Jamie seine gesamte Energie auf mich richtet, wie durch einen Lichtstrahl getroffen, zuckt und spannt sich mein Bauch zu einer Welle, mit letzter Kraft presse ich und schlafe sofort ein.

***

Ein durchdringendes Knurren lässt mich ruckartig hochschnellen – Gefahr? Aber da liegt er, der Letzte, und schläft seelenruhig, eine meiner Zitzen immer noch im Mäulchen. Das Knurren wird lauter, endlich begreife ich, dass mein leerer Magen laut rebelliert. Ich schüttele die neun kleinen Piranhas von mir ab und stakse zu meinem Fressnapf. Fast gleichzeitig springen Esther und Jamie von der Couch auf und folgen mir wie Schatten. Dieses Mal freue ich mich darüber. Esther öffnet mir die Tür zum Garten und als ich wieder hereinkomme, ist mein Fressnapf gefüllt mit Brühe, Lammfleisch, Hirseflocken, einem Eigelb und ein paar Pillen. Ich schlinge das Fressen herunter und eile zur Kiste zurück. Kaum liege ich, bedrängen mich die kleinen Mäuler und saugen, bis sie wie prallgefüllte Hamster von mir abfallen. Neun Welpen! Fünf Weibchen und vier Rüden. Kann es einen schöneren Anblick geben?

Ständig lungert Jamie vor meiner Wurfkiste herum und starrt unsere Kleinen an. Er würde sie gerne genauer untersuchen, aber das lasse ich nicht zu. Seine Zeit kommt erst noch. Also knurre ich ihn unfreundlich an, sobald er scheinbar absichtslos der Wurfkiste zu nahekommt. Die einzige Möglichkeit für ihn, unbeobachtet seinen Nachwuchs kennenzulernen, wäre die Zeit, in der ich am Napf stehe und mich im Garten erleichtere. Doch auf seine Fresslust kann ich mich verlassen. Ich bekomme weiterhin die doppelte Ration. Und wenn Jamie in Windeseile seinen Napf geleert hat, bleibt er erwartungsvoll neben meinem stehen. Jedes Mal verpasst er die günstige Gelegenheit, die Welpen ungestört zu beschnuppern. Erst wenn ich wieder im Korb liege und ihn anknurre, begreift er, was er verpasst hat.

In den ersten Tagen nach der Geburt verlasse ich nur kurz mein Lager, um in Windeseile wieder zurückzukehren. Für mich gibt es nur noch meine Welpen. Gut, dass Esther meine Zitzen eincremt, denn die Rabauken sind gierig, ziehen und beißen, wenn meine Milch zu langsam fließt. Jamie sitzt in gebührendem Abstand vor der Kiste und schaut mir zu, wie ich die Entleerungen meines Nachwuchses durch Lecken an ihren Bäuchen zu Tage fördere und fresse. Ständig beobachtet er mich und ich bin froh, wenn ihn Freunde zu einem ausgedehnten Spaziergang abholen. Kaum ist er wieder zurück, rast er ins Wohnzimmer und bremst erst einen Meter vor der Wurfkiste scharf ab, weil ich ihn in letzter Sekunde anknurre. Es wäre ihm zuzutrauen, dass er mitten in den Welpen landet.

***

Als es klingelt, rennt Jamie wild bellend an die Haustür. Es ist Eva, die den Nabelstumpf der Kleinen begutachtet, sie wiegt und ihnen bunte Bänder um den Hals bindet – rosa für die Weibchen und hellblau für die Rüden. Jamie und ich brauchen diese Bändchen nicht, für uns riecht jeder einzelne Welpe, ob Weibchen oder Rüde, anders. Wir können sie spielend auseinanderhalten. Das Wichtigste ist: Sie riechen gesund. Sie sind eine Mischung aus Dalmatiner und Rhodesian Ridgeback und aus einer einzigartigen Liebe heraus entstanden, sie müssen einfach gesund sein.

Jeden Tag beobachte ich Esther, wie sie einen nach dem anderen aus der Kiste hebt, sie untersucht und auf eine kalte Schale legt. Dann notiert sie zufrieden nickend et-

was auf einem Blatt Papier. Einmal schneidet sie ihnen sogar die Krallen. Ich lasse es geschehen, so groß ist mein Vertrauen zu ihr. Dabei hasse ich es, wenn sie an meinen eigenen Krallen herumschneidet oder gar feilt.

Und noch ein tägliches Ritual gibt es: Morgens muss ich mit meinen kleinen Piranhas das Lager verlassen, damit Esther die weiche, saugfähige Unterlage in unserer Kiste wechseln kann. Jamie meint dann immer, dass er unbeobachtet an die Kleinen herankommt. Doch ich passe sehr gut auf. Irgendetwas in mir lässt mich ihn anknurren. Da vertraue ich ganz auf meinen Instinkt. Bald ist es Zeit, dass Jamie seinen Part übernimmt: den Welpen die Welt zeigen. Doch bis dahin muss er sich gedulden. Wenige Minuten später liegen wir wieder in Sicherheit in der Kiste und Jamie mit zwei Metern Abstand davor. Wie hypnotisiert beobachtet er die Kleinen. Einmal, als ich in den Garten verschwinde, um mich zu erleichtern, folgt mir Jamie nicht. Unruhig renne ich zurück.

Laila: Jamie! Weg von der Kiste!

Jamie: Das sind doch auch meine Welpen, ich möchte nur einmal an ihnen schnuppern.

Laila: Das kannst du auch von der Ferne, noch sind sie zu klein.

Jamie: Was hat das denn mit Größe zu tun?

Laila: Du bist zu tollpatschig! Außerdem sehen und riechen sie dich noch nicht. Warte, bis sie agiler werden und ihre Umwelt wahrnehmen können! Dann ist die Zeit gekommen, dass du ihnen alles beibringst, was sie wissen müssen.

Jamie: Wie lange dauert das denn noch?

Laila: Bis ich aufhöre, dich anzuknurren. Bei uns sind die Rollen nun mal klar verteilt: Du schützt uns vor Ein-

dringlingen und ich kümmere mich in der ersten Zeit um unsere Welpen.

Jamie: Was für Eindringlinge? Esther arbeitet zurzeit nicht und nur die besten Freunde sind geduldet. Ich hab kaum etwas zu tun.

Laila: Keine Sorge, lange dauert es nicht mehr, bis dein Beitrag gefragt ist. Zwei Wochen sind geschafft, in drei oder vier Tagen können die Welpen sehen und werden sich die Welt auch außerhalb der Hundekiste erobern. Schau, ihre Lidspalte öffnet sich schon einen schmalen Spalt.

Jamie: Ich will deinen Wunsch erfüllen. Im Wachen bin ich gut, ich werde jeden, der uns zu nahe kommen will, verbellen und zur Not nach draußen drängen, du kannst dich auf mich verlassen.

Laila: Und du dich auf mich. Alle Welpen werden durchkommen. Das weiß ich.

9. Kapitel
Der Pinguinvater

Unglaublich! Neun Welpen hat Laila geboren! Alles hat sie fast ohne Hilfe gemeistert. Meine Wüstenblume ist die geborene Mutter, tapfer, klug und bedacht, alles richtig zu machen. Aber der letzte Welpe wäre ihr fast zum Verhängnis geworden. Sie war so unendlich erschöpft, fast teilnahmslos. Gerne hätte ich ihr geholfen, aber wie? Ich konzentrierte mich mit meiner ganzen Energie auf meine Wüstenblume und den letzten Welpen in ihr, sah, wie sich im Schlaf ihr Bauch wölbte und diese kleine Blase plötzlich neben ihr lag. Laila regte sich nicht, schlief einfach weiter. Ich schlich zur Wurfkiste, sah Eva mit geübtem Griff die Blase aufheben. Sie öffnete sie vorsichtig mit dem Zeigefinger, strich sie von unten nach oben ab und trennte die Nabelschnur mit dem Daumen. Mein jüngster Sohn hing regungslos in ihrer Hand. Esther saugte Flüssigkeit aus seinem Fang und blies ihm in die Lungen, bis er endlich nach Luft schnappte. Dann rieb sie ihn mit einem Tuch trocken und legte ihn an Lailas Bauch. Ich sah, wie er eine freie Zitze fand und langsam ihre Milch einsog. Ich war überglücklich, dass er überlebt hatte.

Laila schlief und bekam von alledem nichts mit. In all dem Trubel stibitzte ich mir die Nachgeburt, die mir acht Mal auf wundersame Weise durch die Lappen gegangen war. Aber die letzte, die hatte ich mir redlich verdient. Schnell schluckte ich sie herunter, sprang sofort wieder auf die Couch und beobachtete den ruhig schnaufenden Kleinen. Bis auch meine Augen vor Erschöpfung zufielen.

***

Jeden Tag starre ich verzückt in die Kiste und betrachte stolz das Gewusel. Neun Welpen – und jeder einzigartig! Dalmatiner werden weiß geboren, ihre schwarzen charakteristischen Punkte erscheinen erst nach etwa zwei Wochen. Aber unsere Mixis hatten von Anfang an eine schwarze oder braune Grundfarbe, in der sich weiße kleine Punkte oder Streifen zeigen. Manche haben eine Blesse auf der Brust, die wie eine weiße Fledermaus aussieht. Bei anderen kann ich auch einen Ridge sehen, den für die Ridgebacks typischen Fellstreifen auf dem Rücken, dessen Haare gegen den Strich wachsen. Insgesamt sind die neun Welpen ein wild durcheinander gewürfelter Haufen.

Sumba ist der Älteste und Stärkste der ganzen Bande. Am Rand des Fellhaufens ist er eindeutig auszumachen. Er liegt auf dem Rücken, alle Viere von sich gestreckt. Er ist schwarz, hat vier weiße Pfoten und eine ebenso weiße Rutenspitze; seinen Rücken ziert ein schwarzer Rigde. Sein weiß-schwarz gepunkteter Bauch bewegt sich gleichmäßig auf und ab, so dass ich fast hypnotisiert in den Schlaf falle.

Samba hat die Farbe von Kornähren und den gleichen umgekehrten Fellstreifen auf dem Rücken wie Laila, nur sind ihre Pfoten weiß und zeigen unzählige kleine schwarze Punkte, die Blesse fehlt ihr.

Auch Cariba gleicht Laila, ihre Blesse ist etwas groß geraten, läuft weit über Hals und Brustkorb hinaus, und der Fellstreifen auf dem Rücken fehlt, doch ihre Fellfarbe erinnert an die Steppe Afrikas.

Tella ist schwarz, nur vereinzelt haben sich weiße Flecken mit kleinen schwarzen Punkten auf ihr Fell verirrt.

Sheva dagegen ist braun-weiß-schwarz gestromt.

Bei Laika dominiert Schwarz, ihre weiß-schwarz gepunkteten Flecken fallen großflächig aus, die Ohren sind schwarz. Um ihr rechtes Auge zeigt sich ein weißes Herz, um ihr linkes ein weißer Propeller, so wie bei mir, nur farblich umgekehrt.

Balu, unser dicker Bär, ist braun mit unauffälligen schwarz-weißen Streifen und einer weißen leuchtenden Blesse genau dort, wo sie hingehört.

Etra, ein langbeiniger kräftiger Bursche, ist durch und durch rabenschwarz.

Sala ist der Letztgeborene. Er ist vorwiegend dunkelbraun mit großen, breit-flächigen schwarzen Flecken und pechschwarzen Ohren. Seine vier Pfoten sind weiß, als ob er Schuhe tragen würde.

Ich beobachte, wie sich Sumba, Samba und Etra, die drei Kräftigsten von allen, die hinteren Zitzen sichern, die am meisten Milch abgeben. Gut, dass Esther die Welpen hin und wieder umlegt, damit auch die schwächeren wie Sala genug Milch abbekommen. Warum Balu so dick ist, ist mir ein Rätsel. Ob Esther ihn unbewusst bevorzugt? Vielleicht ist aber auch nur sein Fell besonders lang – wie soll ich das wissen, wenn ich an meine Welpen doch immer noch nicht herankomme? Ich warte ungeduldig auf den Tag, an dem ich mit ihnen herumtollen kann. Doch noch sind die Augen der Welpen geschlossen und ich warte sehnsüchtig darauf, dass sich ihre Lider endlich öffnen und sie mich nicht nur riechen, sondern auch sehen können.

Tag für Tag wird der Inhalt der Kiste lebhafter. Mitten im Gewusel blitzen kleine, spitze Piranhazähne auf. Alles, was den Welpen zu nahe kommt – Ohren, Nasen, Pfoten ihrer Geschwister – nehmen sie in ihre kleinen Mäuler und kauen darauf herum. Ein Kreischen, Jaulen und Piepsen lässt den Inhalt der Kiste schier explodieren. Auch meine Ohren bleiben nicht verschont, vor allem, wenn ich heimlich meinen Kopf über den Rand der Kiste strecke, um nach meinem Nachwuchs zu schauen.

***

Als ich mal wieder verträumt vor der Kiste lauere, lenkt mich der Geruch von aufgewärmten Fressen ab. Auch Laila erhebt sich und geht langsam in die Küche. Ihr Appetit beeindruckt mich, normalerweise bin ich immer der Schnelle. Innerhalb von Sekunden hat sie ihren Napf geleert, nun glotzt sie stur auf das weiße Porzellan. Dieses regungslose Anstarren zeigt bei Esther Erfolg und nach wenigen Sekunden steht die Schüssel wieder randvoll gefüllt vor ihr. Den Trick muss ich mir merken. Damit ich nicht zusehen muss, bekomme ich etwas Brühe. Die ist natürlich sofort inhaliert. Dann versucht meine Zunge, in Lailas Napf mitzulecken. Ein kurzer, tiefer, knurrender Ton von Laila und schon wandert meine Zunge wieder in meinen eigenen Napf. Die Zeiten, in denen ich ihre Reste auslecken durfte, sind vorerst vorbei.

Doch was die Welpen angeht, ist Laila mit mir zufrieden. Endlich lässt sie mich an die Kiste heran. Sie nennt mich liebevoll Pinguinvater, weil ich mich so sehr um die Welpen sorge und – seitdem ich es darf – auch gewissenhaft die Hinterlassenschaften unserer Welpen auflecke. Wenn mich jemand anderes so nennen würde, hätte er ein Problem mit mir. Aber Laila darf das.

Aufmerksam achte ich auf die Augen der Kleinen, und tatsächlich sind nach zehn Tagen winzige Schlitze zu sehen. Und dann sind die Augen unserer Welpen endlich offen. Erstaunt schauen sie in die Welt und versuchen, sie zu verstehen. Fantastisch! Jetzt können meine Welpen mich sehen! Nun hätte ich gerne, dass sie mich auch spüren können. Doch die Vorderseite der Kiste bleibt geschlossen. Ich verstehe Esthers Zögern nicht und werde von Tag zu Tag nervöser. In die Kiste hinein darf ich nicht, Laila ist da unerbittlich. Und die Welpen können nicht zu mir nach draußen. Das ist so unfair!

Eine Woche später entfernt Esther endlich das vordere Brett, und schon purzeln die Welpen heraus. Keine Frage, wer der Erste ist: Sumba natürlich! Die zweite ist Samba und Nummer drei Etra. Genau die, die sich immer an den hinteren Zitzen drängen und in den letzten Wochen für Geschrei gesorgt hatten, wenn sie tollend über ihre Geschwister herfielen. Allen dreien stupse ich mit meiner Schnauze in die Seite, laut schreiend werfen sie sich auf den Rücken. Das kann doch unmöglich wehgetan haben! Das war ja nur ein kleiner unbedeutender Stups, die sind vielleicht empfindlich! Aber ich weiß ja, dass Welpen ganz schön übertreiben. So stellt die Natur sicher, dass die großen Hunde auch wirklich sehr vorsichtig mit ihnen umgehen. Ich lecke jedem der drei über ihre Bäuche. Die anderen, die jetzt auf mich zukommen, stupse ich ebenfalls, auch sie lassen sich quiekend auf den Rücken fallen. Kurz die Bäuche geleckt und schon ist alles wieder gut. Weil sie gemerkt haben, dass da vor der Kiste eine Grenze ist, verschwinden alle wieder in ihrer sicheren Höhle. Als ich mich umdrehe, steht Laila hinter mir, sie hatte sich gerade im Garten erleichtert.

Jamie: Hast du uns beobachtet?

Laila: Ja, das hast du gut gemacht. Ich bin froh, dass sie ihre erste Lektion gelernt haben. Außerhalb der Kiste sieht das Leben anders aus. Es ist wichtig, dass sie nicht allzu vertrauensselig in die Welt hinausgehen. Sie müssen begreifen, dass überall Gefahr lauern kann.

Jamie: Ich freue mich schon darauf, ihnen die Welt zeigen zu dürfen. Am liebsten würde ich sofort anfangen, sie zu trainieren. Vor allem sollen sie lernen, die Gedanken der Menschen zu lesen.

Laila: Sie müssen aber auch ihre eigenen Erfahrungen machen; mit uns als Beschützer im Hintergrund. Bald ist es so weit, dass sie hinaus in den Garten dürfen.

Jamie: Aber es liegt doch noch Schnee! Das ist doch viel zu kalt für unsere Welpen!

Laila: Du bist ja fast schon allzu fürsorglich! Sollten sie kalte Bäuche haben, wird Esther sie nach dem Ausflug mit einem Tuch trockenreiben und einen unserer Hundekörbe neben den Kachelofen stellen.

Jamie: Stimmt, Esther ist ja auch noch da, das hatte ich fast vergessen. Aber ein bisschen Fürsorge ist nicht verkehrt. Ich werde ihnen nie erzählen, was du und ich in unseren früheren Leben erlebt haben. Ich möchte, dass sie unvoreingenommen in ihre Zukunft schauen und vertrauen.

Laila: Jamie, du bist so kraftvoll und zuversichtlich, wie ich dich zuvor nie gesehen habe. Ich weiß, du wirst für unsere Welpen über dich selbst hinauswachsen und eine Stärke gewinnen, die dich selbst letztlich ganz gesunden lassen wird.

***

Manchmal machen Esther, Laila und ich kleine Spaziergänge – nur zu dritt, so wie früher. Dann erkenne ich meine Wüstenblume kaum wieder. Mit erhobenem Haupt und einer straffen, fast majestätischen Körperhaltung läuft sie neben mir her. Die wenigen Hunde, denen wir begegnen, machen einen weiten Bogen um uns herum. Mir schwant, dass das nicht an meinen Muskeln liegt, die ich spielen lasse, sondern an Lailas Ausstrahlung.

Esther, Laila und ich sind gerade erst unten an der Wiese angelangt und wollen den Bach überqueren, als Laila plötzlich innehält. Sie dreht sich abrupt um und läuft den Berg wieder hinauf. Ich habe keine Mühe, ihr zu folgen, aber Esther prustet wie eine in die Jahre gekommene Dampflok hinter uns her. Kaum hat sie das Gartentor geöffnet, rennen Laila und ich zur Kiste. Unsere Rabauken liegen sicher und warm, zu einem Fellknäuel gestapelt und schlafen.

Jamie: Laila, was war denn los?
Laila: Nur so ein komisches Gefühl.

Wie immer, wenn Laila für ein paar Minuten im Garten ist oder gefressen hat, legt sie sich sofort wieder behutsam neben das friedlich schlafende Fellknäuel. Im selben Moment werden die Welpen wach und neun gierige Mäuler stürzten sich auf sie. Nach vier Wochen genügt es dem wilden Haufen nicht mehr, nur Milch zu trinken. Ich beobachte die Kleinen dabei, wie sie mit ihren Nasen Laila seitlich in den Fangwinkel stupsen, damit sie einen Futterbrei hervorwürgt. Je wilder sie stoßen, umso mehr kommt zum Vorschein. Sofort wird der Brei von der bettelnden, gierigen Bande verschlungen. Dieses Stupsen ist auch ein Begrüßungs- und Zuneigungsritual. Früher begrüßte Laila unseren Menschen, indem sie an Esther hochsprang und mit ihrer Schnauze direkt ihren Mundwinkel traf.

Wenn ich mich über den Kistenrand beuge, steuern die Welpen mit ihren Schnauzen auch auf meine Lefzen zu. Die wollen das haben, was ich gerade erst gefressen habe! So sehr ich meinen Nachwuchs mag, Teilen kommt nicht in Frage! Mein Futter reicht kaum für mich allein. Ich beiße die Zähne fest zusammen, drehe mich um und gehe in ein anderes Zimmer, um in aller Seelenruhe meinen wohlverdienten Verdauungsschlaf zu genießen. Noch können mir die Kleinen nicht folgen. Aber ich ahne, dass die friedlichen Zeiten für mich bald vorbei sein werden.

***

Wenn ich mich genüsslich auf den Läufer vor die Wurfkiste ins Wohnzimmer lege und die vordere Begrenzung abmontiert wird, rennen unsere Quälgeister staksig auf mich zu. Kaum haben sie mich erreicht, krallen sie sich in mein Fell, ziehen sich hoch wie kleine Bergsteiger, die einzig von der Bezwingung des Gipfels träumen. Wenn sie den höchsten Punkt erreicht haben, malträtieren sie mit ihren kleinen, nadelscharfen Zähnen meine Ohren. An manchen Tagen dulde ich diese Überfälle, an anderen stehe ich auf, schüttele mich und neun kleine Piranhas plumpsen wie Fallobst auf den Boden. Doch kaum lege ich mich wieder hin, fallen sie erneut über mich her. Dann drehe ich mich um und gehe in eine ruhige Ecke des Hauses und döse ein.

Aber je beweglicher die Kleinen werden, desto schneller finden sie mich. Ihre spitzen Milchzähne tun mir weh. Ich stupse blindlings in alle Richtungen, und nach wenigen Sekunden liegen sie mal wieder jaulend auf ihren Rücken. Einen nach dem anderen packe ich am Nacken und trage sie in die Kiste zurück. Sumba ist der frechste und stärkste von allen. Immer wieder setzt er sich bei seinen Geschwistern durch. Jetzt schießt er von Neuem aus der Kiste und versenkt übermütig seine Zähne in meinen rechten Vorderlauf. Ich bekomme seine Schnauze zu fassen und packe leicht zu. Er schreit jämmerlich, klemmt seine Rute ein, rennt in die Kiste zurück und versteckt sich unter der Decke. Neun Augenpaare schauen in meine Richtung, acht von ihnen erschrocken, Lailas Augen lächeln. Als ich meine Welpen anschaue, drehen sie ihre Köpfe leicht zur Seite, um mich nicht noch mehr zu reizen. Nun schaut auch Sumba unter seiner Decke hervor und leckt kurz über seinen Fang. Ich kehre ihnen den Rücken zu und bin sicher, dass mir heute keiner mehr folgen wird. Von meinem erhöhten Platz auf der Couch beobachte ich zufrieden meine Quälgeister.

Auch Laila erzieht unsere Welpen konsequent. Wenn die Kleinen grob spielen oder zu vehement gegen ihre Zitzen treten, nimmt sie ihre kleinen Schnauzen in ihr Maul und beißt ganz leicht zu. Das gibt jedes Mal einen ohrenbetäubenden Lärm. Aber es wirkt. Esther schaut sich viel von uns ab. Wenn die Welpenschar über ihre Hände herfällt, gibt sie einen hohen Quietschton von sich. Dann merken die Kleinen, dass sie aufpassen müssen. Samba, Sumba und Etra sind immer vorne mit dabei, die anderen lassen sich von ihnen anspornen. Wird es Esther zu viel, packt sie jeden einzelnen Störenfried, rollt ihn auf den Rücken und hält ihn so lange fest, bis er aufhört zu zappeln. Die Zurückhaltenderen sind schon allein durchs Beobachten eingeschüchtert und trollen sich.

Nur mit vereinter Konsequenz von Laila, Esther und mir lernt unser Nachwuchs seine Beißkraft besser einzuschätzen. Das ist auch höchste Zeit, denn ihre Kräfte nehmen weiter zu und bei Rangeleien untereinander könnte es sonst ernsthafte Verletzungen geben.

***

Vier Wochen sind vergangen, seit unser erster Welpe geboren wurde. Meine Wüstenblume sieht mager und erschöpft aus, obwohl in ihrem Napf täglich die doppelte Portion auf sie wartet. Wenn ich so viel fressen dürfte wie sie, wäre ich rund wie eine Kugel und könnte mich nur noch wie eine schwarz-weiß gefleckte Robbe fortbewegen. Aber Laila nimmt immer weiter ab. Weil sie einen Großteil der Nahrung wieder für unsere gefräßigen Kleinen hervorwürgt, bleibt nichts an ihr hängen. Ich mache mir große Sorgen.

Nicht nur Laila geht es schlecht, auch unseren Welpen. Sie attackierten Tag und Nacht Lailas Zitzen und werden doch nicht satt. Hunger zu haben ist fürchterlich – das weiß ich aus eigener Erfahrung. Niemanden, den dieses nagende Gefühl längere Zeit gequält hat, lässt es wieder ganz los. Dalmatiner sind keine Kostverächter, aber selbst für einen gestanden Rüden meiner Rasse fresse ich unglaublich gerne. Dieses Gefühl, nie satt zu werden, verfolgt mich schon mein ganzes Leben lang. Vielleicht liegt das daran, dass ich durch meine chronische Darmentzündung ständig einen Mangel an Nährstoffen habe. Vielleicht aber auch daran, dass ich in meiner Jugend nie sicher sein durfte, ob ich etwas zu fressen bekomme oder nicht. Nur ein einziges Mal hatte ich eine volle Futterschüssel stehen lassen: Damals, als es noch Trockenfutter für mich gab, habe ich es geschafft, den halben Futtersack zu leeren, und mir war speiübel geworden.

Ich stelle mich direkt vor Esther: „Meine Welpen brauchen Futter! Kannst du mich hören?" Aber sie ignoriert mein Flehen. Warum sind Menschen nur so langsam im Begreifen? Sie können sehen, riechen, hören und fühlen, doch was das Erlebte und Gefühlte *bedeutet*, das erkennen sie oft viel zu spät. Als ob sich das Offensichtliche erst mühsam durch eine Nebelschicht in ihr Bewusstsein kämpfen müsste. Ich streiche um ihre Beine, schaue sie an, versuche ihr irgendwie klar zu machen, dass sie handeln muss. Endlich, nach ein paar Tagen, kapiert sie, dass meine Welpen Hunger haben. Einen Bärenhunger.

Als Erstes bekommen sie Welpenmilch. Esther bereitet sie in der Küche zu, und Laila und ich beobachten alles genauestens. Welpenmilch? Das wäre auch etwas für mich! Mir läuft das Wasser im Maul zusammen, mühsam schluckend renne ich hinter ihr her. Für einen Augenblick vergesse ich den Hunger meiner Welpen. Ob Esther die richtige Reihenfolge einhält? Erst die Großen, dann die Kleinen. Doch als Laila und ich das Wohnzimmer betreten wollen, zieht Esther das Holzgitter hinter sich zu. Wir stehen im Flur und müssen zusehen, wie neun Felltiere lauthals quiekend auf die Schüssel zuschießen und in Nullkommanichts alles aufschlecken. Dabei zusehen zu müssen, fällt mir schwer. Liebend gern wäre ich selber über die gute Milch hergefallen, Welpen hin, Welpen her.

Laila ist glücklich, als sie sieht, wie sich unsere Kleinen pappsatt in der Hundekiste zusammenkuscheln. Und ich bin etwas beschämt. Hätte ich ihnen etwas übriggelassen? Ich fürchte, da hätte meine Vaterliebe versagt. Gut, dass Esther mich so gut kennt. Nun öffnet sie das Holzgitter wieder und Laila und ich können uns zu den Welpen legen. Laila in der Kiste, ich außen davor. Aber das ist in Ordnung.

***

Viermal am Tag bekommen unsere gefräßigen Welpen nun diese köstlich riechende Milch serviert. Weil sie immer fordernder werden, vermischt Esther die Milch mit etwas Tatar und Joghurt. Und das ist die nächste Lektion der Welpen: Sie üben sich darin, sich am Futtertrog zu behaupten. Die Stärksten schieben sich vor und werden als Erste satt. Dann erst kommen die anderen dran. Aber es gibt ja genug für alle! Unser Nachwuchs lernt auch, ihre Hinterlassenschaften in einer bestimmten Ecke der Hundekiste zu verrichten. Denn Laila hat aufgehört, sie zu säubern. Sie sind jetzt alt genug, sich dorthin zu hocken, wo Esther Zeitungen ausgelegt hat. Mehrmals am Tag wechselt sie sie aus.

Auch für mich sind Pflichten angesagt. Der Schnee ist geschmolzen, es ist immer noch kalt, aber die Sonne wärmt schon. Ein perfekter Tag für den ersten Familienausflug! Die Küchentür, die auf die Terrasse führt, ist offen. Als wir draußen stehen, beobachten wir die Welpen, wie sie versuchen, uns zu folgen. Doch da ist eine kleine Schwelle, Laila und mir ist sie nie aufgefallen. Sumba ist natürlich der Erste. Vorsichtig setzt er erst die eine Vorderpfote nach draußen, dann die andere – und bleibt mit seinem dicken Bauch an der Kante hängen. Samba und Etra wagen es als Nächstes, dann Tella und Balu, gefolgt von allen anderen. Doch alle bleiben genauso kläglich stecken. Sofort sehe ich ein Bild in mir auftauchen. Alles um mich herum war dunkel, ich träumte von der Welt außerhalb der Kiste und wollte sie unbedingt erobern. Als sich endlich meine Augen geöffnet hatten, brauchte ich Ewigkeiten, um über den Rand der Kiste zu klettern. Als es mir endlich gelang, blieb ich mit meinem Bauch hängen und plumpste ungebremst auf den harten Boden. Ich sehe meinen Kleinen zu und spüre den Schmerz von damals in mir. Doch Esther hebt jeden Welpen einzeln über die Türschwelle, keiner fällt mit der Nase auf den harten Steinboden, so wie ich vor langer Zeit.

Den Holzfußboden im Haus, die Kacheln und Läufer hatten die kleinen Pfoten der Welpen längst kennengelernt. Mein und Lailas Fell, die Haut unseres Zweibeiners und all die Hosen, Socken, Schuhe und Pullover. Aber diese kalten, rauen Steinplatten, die Erde, das feuchte, kühle Gras sind neu für sie. Einige aus der Welpenhorde sind vorgeprescht, doch Cariba, Sheva, Laika und Sala betreten nur widerwillig das freie Terrain. Fast ängstlich heben sie ihre Pfoten in die Höhe, wollen so wenig Bodenkontakt wie möglich. Als sie aber sehen, dass Laila, ich und die anderen schon weit voraus sind, folgen sie uns. Laila schlägt den flachen Hang zur Wiese ein, der zwischen zwei Hecken hindurchführt. Schnell ist die Angst der vorsichtigen Welpen vor dem Unbekannten verflogen. Alle graben ihre Schnauzen ins Gras, hopsen und rollen herum, erklimmen die untere Holzterrasse, beschnuppern jeden Stein, jeden Strauch und strecken ihre Köpfe in den Bambus. Jeder findet auch ein Eckchen, in dem er sich lösen kann.

Nach einer Viertelstunde ist das Abenteuer beendet. Sumba, Samba und Etra versuchen, die Stufe zur Küche auf eigene Faust zu meistern, aber nur Sumba mit seinem Durchsetzungswillen und Etra mit seinen langen Beinen schaffen es. Die anderen bleiben hängen, strampeln und lassen sich hineinheben. Esther reibt alle trocken und legt Holz im Kachelofen nach. Kaum liegt Laila in ihrer Wurfkiste, wird sie von dem kleinen Rudel belagert. Nach einiger Zeit sind alle satt und fallen wie dicke, fette Raupen von ihr ab. Schnell sinken sie in tiefen Schlaf. Ein bunter, schwarz-weiß-brauner Haufen, Köpfe, Pfoten, Ruten liegen über- und untereinander, bald ist nur noch ihr gleichmäßiges Atmen zu hören.

***

Normalerweise war der Besuch von Esthers Familie immer ein Highlight in puncto Streicheleinheiten – doch dieses Mal ist alles anders. Statt unseres gemütlichen Morgenrituals auf der Couch sitzen nun alle auf dem Boden, lachen, wenn die Welpen auf ihnen herumtollen, oder schreien auf, wenn mal wieder nadelspitze Zähne zugezwackt haben. Egal wie oft ich mich auf meinen Rücken lege und meine Vorderpfoten in die Luft strecke, niemand beachtet mich.

Laila: Ach Jamie, nimm es nicht so schwer. Esthers Familie kannst du vertrauen. Und für die Welpen ist der Umgang mit Menschen wichtig. Je mehr sie in ihren ersten Wochen mitbekommen, umso anpassungsfähiger wachsen sie in die Welt der Menschen hinein. Ich bin in einem Stall groß geworden, ohne viel Kontakt zu Menschen, daher verunsichert mich Neues heute noch.
Jamie: Aber wo bleibt die Aufmerksamkeit für mich?
Laila: Unsere Welpen zeigen dir den nötigen Respekt und bewundern dich, reicht das nicht?
Jamie: Den habe ich mir auch hart erarbeitet.

Der Alltag hat uns wieder. Die Kleinen wurden in den letzten Tagen sehr verwöhnt, und wir haben eine Menge aufzuholen. Denn der renitente Haufen gibt sich mit einer einzigen Zurechtweisung nicht mehr zufrieden. Ich muss manchmal schon sehr deutlich werden, bis auch die Frechsten auf mich hören.

Nun kommt eine neue Unruhe in unser Haus. Ständig klingelt es oder die Tür zur Terrasse fliegt auf und jemand ruft: „Hallo, seid ihr da?“ Bei „Hallo“ bin ich gefragt! Es kündigt Besuch an, den ich begrüßen oder vertreiben muss. Auch daran muss ich mich gewöhnen: Früher ging es auch mal um mich, einige Menschen brachten mir Leckerli mit. Doch jetzt gilt ihr Interesse einzig und allein unseren Welpen. Je lebendiger die Quälgeister werden, umso öfter höre ich den lästigen Klingelton der Türglocke. Ich stürme zur Tür und sehe in die fröhlichen Gesichter von Menschen, die ich alle gut kenne. Kaum stehen sie im Wohnzimmer, fällt unsere Horde über unseren Besuch her. Sie krabbeln auf Hosenbeine, krallen sich an Pullovern fest, erklimmen

Gesichter, nagen grob an Ohrläppchen und bohren ihre weichen Schnauzen in die Halskuhlen ihrer Opfer. Wenn die Haare lang genug sind, krallen sie sich an ihnen fest und ziehen sich langsam an ihnen nach oben, bis sie am Kopf angelangt sind und nach unten zu stürzen drohen. Laila und ich liegen daneben und genießen die paar Streicheleinheiten, die für uns übrigbleiben.

Unsere Kleinen reagieren ganz unterschiedlich auf die vielen Besucher. Wenn eine Hand sich vorsichtig nähert, schnuppern sie an ihr, umklammern sie mit ihren kleinen Pfoten und nehmen einen Finger ins Mäulchen. Vor anderen Händen, die sofort zupacken wollen, weichen sie ängstlich zurück. Ich bin froh, dass sie sich nicht von jedem anfassen lassen. Ein gutes Zeichen, dass sie wachsamer geworden sind.

Auch heute war ein langer Besuchstag. Als endlich alle fort sind, hebt Esther den kleinen Etra aus der Kiste und legt ihn auf ihren Schoß. Der Kleine dreht sich auf den Rücken und lässt sich genüsslich seine dicke Plauze kraulen. Ein surrender Ton, wie das Schnurren einer Katze, entfleucht ihm im Rhythmus seines Atems. Apropos Katze, von diesen Raubtieren muss ich meinen Welpen morgen unbedingt erzählen. Lieber nicht als Gutenachtgeschichte, da würden sie nur Albträume bekommen. Es soll ja Hunde geben, die mit Katzen entspannt zusammenleben, sich sogar ein Körbchen teilen. Aber meine Erfahrungen sind andere. Ich habe Katzen als unberechenbare Wesen mit langen, scharfen Krallen kennengelernt. Mit ihnen ist nicht zu spaßen. Ich werde meinen Welpen beibringen, dass sie sich von ihnen fernhalten sollen. Mit ein bisschen Glück verirrt sich morgen eine Katze in unseren Garten, dann hätten wir gleich ein Anschauungsobjekt.

Ich beobachte Esther und Etra eine Zeit lang, dann wird es mir zu viel. Ich bin schließlich auch noch da! Ich dränge mich zwischen die beiden. Kaum liege ich auf dem Rücken und warte auf meine Streicheleinheit, da klettert Etra von Esthers Schoß und landet mitten auf meinem Bauch. Esther greift nach ihm, während Etra versucht, sich an mir festzukrallen. Autsch! Esther setzt den Kleinen in die Kiste. Sofort rennt er in die Ecke mit der Zeitung und erleichtert sich. Dann kommt er glücklich hopsend an den Rand der Kiste zurück. Das hat er von Laila geerbt, auch sie freut sich sichtlich, wenn alles erledigt ist. Esther hebt Etra wieder heraus, er krallt sich an ihr fest, zieht sich immer höher, beißt in ihre Haare und rutscht ab. Ein kurzes „Au!" von Esther und Etra sieht sie erschrocken an. Sie lacht und sofort beißt er wieder zu, ihre Haare hängen aus seinem Maul. Ich bin wieder einmal Luft.

***

Nun ist es an der Zeit für eine weitere Lektion. Ich hole mir einen alten, aber noch gut riechenden Knochen, der schon seit Langem unter einer Hecke im Garten liegt, nehme ihn mit ins Wohnzimmer und lege ihn direkt vor mir ab. Dieses Mal ist es Etra, der als Erster ankommt, seine Schnauze vorstreckt und hineinbeißen will. Blitzschnell packe ich ihn am Nacken und hebe ihn zur Seite. Mein Knochen ist für ihn tabu. Ein kurzer Schrei und Etra schmeißt sich auf den Rücken. Doch kaum ist der erste Schrecken überwunden, nähert er sich wieder. Ohne Umschweife packe ich ihn wieder am Nacken und trage ihn in die Kiste zurück. In der Zwischenzeit fallen Balu und Samba über meinen Knochen her und beginnen an ihm zu nagen. Jeden einzelnen packe ich auf die gleiche Art und Weise und schaffe ihn fort. Dann kommen die Nächsten. Und die, die ich weggeschafft habe, drängen erneut aus der Kiste. Neun Welpen in Schach zu halten ist eine echte Herausforderung.

Es ist mein Knochen, und egal wie klein und zerbrechlich meine Welpen sind, diese Lektion muss gelernt werden. Wenn ein Hund etwas für sich beansprucht, dann ist es einzig und allein seins. Ein Spielzeug, der Knochen, das Fressen oder seine Hündin. Nur wer meint, dass er stärker ist, wagt es, sich mit dem Besitzer anzulegen.

Jetzt gehe ich einen Schritt weiter und lege mich vor meinen Knochen. Immer wenn einer es wagt, mir zu nahe zu kommen, kommt ein tiefer knurrender Ton aus meiner Kehle. Die drei Renitenten, Samba, Sumba und Etra, wollen es wissen. Die sechs Zurückhaltenden bleiben fern. Ich fletsche die Zähne und packe als Erstes Samba am Nacken. Jaulend reißt sie sich los und verliert dabei ein paar Tropfen Urin. Jammernd kriecht sie in ihre Kiste, die anderen beiden folgen ihr. Nun kann ich meinen Knochen getrost liegen lassen und mich auf die Couch zurückziehen. Keiner meiner Welpen beachtet ihn mehr. Ich bin zufrieden mit den Früchten meiner Arbeit. Und dann kommt Esther, packt den Knochen mit spitzen Fingern und wirft ihn in den Garten: „Jamie, der stinkt abscheulich!"

***

Jeder Rudelführer – ob Mensch oder Hund – muss sich den Gehorsam seines Rudels erst einmal verdienen. Das ist nur mit Konsequenz und eindeutigen Signalen zu erreichen. Jeden Tag wird der Anführer aufs Neue infrage gestellt. Und dann heißt es Ja oder Nein. Ein Vielleicht kommt nicht infrage.

So wie Laila und ich wächst auch Esther mit ihren Aufgaben. Gegenüber den Welpen muss sie klar und konsequent sein, sonst würden sie ihr bald auf der Nase herumtanzen. Es ist anstrengend für unsere Menschen, so klar zu sein, aber unerlässlich. Gut, dass ich Esther rechtzeitig trainiert habe. Wobei ich zugeben muss, dass es immer noch Tage gibt, an denen ich Esther auf die Probe stelle. Gleich mit dem ersten Schritt aus dem Gartentor ist klar, wie der Spaziergang verlaufen wird. Wenn Esther ausgeschlafen und aufmerksam ist, strahlt sie eine innere Stärke aus, ihre Haltung ist aufrecht. Dann weiß ich sofort, dass ich besser genau das tue, was sie von mir will. Sie ist wachsam und bemerkt jede meiner inneren Regungen. Ohne hinzuschauen weiß sie, ob ich angespannt oder in Spielfreude bin, ob ein Geruch mich erregt oder nicht. Auch später, als Laila zu uns gestoßen war, klappte das. An solchen Tagen sind wir *eins*, wir bewegen uns als Einheit. Wir Hunde hinterfragen keinen einzigen der Wünsche unseres Menschen. Für Laila und mich ist das genauso entspannend wie für Esther auch.

Früher war Esther aber auch manchmal zerstreut – zum Beispiel ging sie manchmal wieder ins Haus zurück, weil sie irgendetwas vergessen hatte oder nicht mehr wusste, ob sie den Herd ausgemacht hatte. Sofort wusste ich, dass ich an diesem Tag freie Bahn haben würde. Ich war ein Rebell! Meine Entschlossenheit drängte in jede Lücke, die sich mir bot. Dann konnte ich Esther wieder einmal dorthin ziehen, wo ich hinwollte. Das heißt nicht, dass ich Esther nicht als Rudelführerin anerkenne, ich liebe sie über alles. Aber jeden Tag kitzelte es mich von Neuem: Wie weit kann ich heute gehen?

Ich habe mich nie weit von Esther entfernt, zu groß ist meine Angst, sie zu verlieren. Wenn sie mich ruft, sprinte ich zu ihr, egal, welcher Ablenkung ich vorher erlegen war. Wenn ich aber roch, fühlte und an ihrer Körperhaltung sah, dass ihr mein Gehorsam heute nicht wirklich wichtig war, begann ein wunderschönes Spiel. Dann schnupperte ich in aller Seelenruhe zu Ende, hob mein Bein und rannte erst dann zu ihr. Wenn ich „bei Fuß" gehen sollte, war ich eine Weile gehorsam, bis es mir zu langweilig wurde. Ich musste nur warten, bis Esther mit ihren Gedanken wieder ganz woanders war, und konnte dann wieder das machen, worauf ich Lust hatte. Ich roch natürlich, dass sie sich über meinen Ungehorsam ärgerte, aber wenn sie einmal aus der Spur war, fand sie so schnell nicht wieder hinein. Je ärgerlicher sie war, desto unsouveräner war ihre Ausstrahlung und desto mehr konnte ich die Situation ausnutzen.

Indem ich sie immer wieder herausforderte, stand ich ihr lehrreich zur Seite. Mit den Möglichkeiten, die mir zur Verfügung stehen, habe ich ihr Ruhe, Konsequenz und Klarheit beigebracht. Nur durch mein Training ist sie heute im Umgang mit den neun Welpen gestählt. Sie diszipliniert unsere Welpen in der gleichen Art, wie Laila und ich es tun: Das Überschreiten von Tabus wird klar und deutlich von ihr reglementiert. Aber genauso wichtig ist es, freundlich und liebevoll mit ihnen umzugehen, sie für das richtige Verhalten zu loben und zu streicheln – so wie wir es mit unserem Lecken ihrer kleinen Bäuche tun, wenn sie sich unterwürfig auf den Rücken drehen.

Nicht alles wird beim ersten Mal verstanden, und auch Welpen testen aus, wie weit sie gehen können. Vor allem Samba, Sumba und Etra begnügen sich nicht mit einer einzigen Zurechtweisung. Hier gilt es für uns drei Erwachsenen, am Ball zu bleiben und nicht nachzulassen.

***

Esther: Wenn ich zusehe, wie konsequent aber auch liebevoll ihr mit euren Welpen umgeht, begreife ich, was Erziehung alles beinhaltet.

Jamie: Schön, dass du das endlich erkennst. Für mich waren unsere Spaziergänge immer auch ein Hundetraining für dich.

Esther: Wie meinst du das?

Jamie: Ich weiß ja, wie das geht, aber du musstest erst mal lernen, wie wir ticken.

Esther: Und habe ich es in deinen Augen begriffen?

Jamie: In den letzten Wochen hast du mehr verstanden als in den Jahren zuvor.

Esther: Noch ist es nicht so weit, aber bald werden wir überlegen müssen, in welche Hände unsere neun Welpen kommen. Da bin ich auf deine Hilfe angewiesen, Jamie. Niemand kann Emotionen so gut wahrnehmen wie du.

Jamie: Keine Sorge, dass keiner unserer Welpen in die falschen Hände kommt, habe ich schon Laila versprochen. Jeden Bewerber werde ich genauestens unter die Lupe nehmen. Du weißt ja: Im Gedankenlesen bin ich ein wahrer Meister.

10. Kapitel
Abschiede

Jamies Worte hatten mich nachdenklich gestimmt. War es wirklich so einfach? Braucht es tatsächlich nur die eigene innere Klarheit, wenn Mensch und Hund zusammenleben wollen? Das würde bedeuten, dass nicht der Hund, sondern der Mensch trainiert werden muss – eine absurde Idee, oder? Doch wenn ich es mir recht überlege, haben mich meine Hunde in den letzten Jahren nicht nur dazu gebracht, dass ich mich im Umgang mit ihnen körpersprachlich klar ausdrücke. Ich bin insgesamt viel konsequenter und zielstrebiger geworden, was mir beruflich und privat sehr geholfen hat. Weil ich keinen unbewussten Zickzackkurs mehr fahre, gibt es auch weniger Unstimmigkeiten mit anderen Menschen. Das macht mein Leben so viel einfacher! Dankbar schaue ich auf Jamie, der auf einem Sofa liegt und seinerseits die Welpen beobachtet.

Da die Wurfkiste zu klein geworden ist, sind die Welpen in den Raum umgezogen, in dem ich normalerweise arbeite. Andere fahren einige Wochen in Urlaub, ich hatte mich entschlossen, zwei Monate zu pausieren. Denn bei der Aufzucht von Welpen zu helfen ist ein Vollzeit-Job. Die Behandlungsbank steht nun in einer der Ecken, die Steckdosen sind mit Kindersicherungen versehen und alle freien Stromkabel sind entfernt. Den Läufer schaffte ich in den Keller. Den Holzboden habe ich mit einer Plastikfolie geschützt, und darüber unzählige Decken gelegt. In eine Ecke stellte ich eine Sandkiste, die als Hundeklo dient – für diejenigen, die es nicht bis in den Garten schaffen. Die neun Welpen teilen sich nun vier Hundekörbe, die an einer freien Wand aufgereiht sind. Zum Schluss montierte ich ein Holzgitter am Türrahmen, das die Welpen daran hindert, den Raum zu verlassen. Strahlend beobachtete mich Jamie beim Einrichten. Offensichtlich war er mit der Einrichtung des Welpenzimmers zufrieden.

***

Wenn ich morgens auf leisen Sohlen ans Gitter schleiche, sehe ich ihn selig zwischen all seinen Kleinen liegen. Er lächelt und scheint dabei ihren Geruch, ihre Wärme, ihren Herzschlag und die Töne, die sie zuckend von sich geben, einzusaugen. So entspannt habe ich ihn nie zuvor erlebt, auch ist er seit Wochen gesundheitlich völlig stabil. Zuvor gab es noch vereinzelte Anfälle von Jucken, Kratzen, Beißen und auch Durchfall. Doch das ist nun endgültig vorbei. Ist er zu beschäftigt, zu glücklich, um krank zu sein?

Für mich fühlt es sich an, als ob sein Herz aus der Brust springen würde, weil all die schönen Momente keinen Platz mehr darin finden. Gerade erwacht er wieder, und schon turnen vier der Bälger auf ihm herum und zwicken ihm ins Ohr. Jeden Morgen beobachte ich von Neuem dieses kleine Wunder, sehe zu, wie die Kleinen größer, kräftiger und mutiger werden und außer Rand und Band geraten. Raufend kugeln sie sich durch unser Wohnzimmer, begleitet von lautem Gekläffe und Gejaule. Ein stetiger Wechsel von Spielen, in denen sie ihre Kräfte messen. Auch beim gemeinsamen Fressen fangen sie an, um die besten Brocken zu raufen. Sie sträuben ihr Fell, knurren sich an und schnappen nach einander. So fordern sie ihr ureigenes Recht nach Nahrung, nach Überleben ein. Wer satt ist, zieht sich zurück, aber dieser Kampf ist wichtig, denn sie lernen, sich zu behaupten. Es entsteht eine hierarchische Struktur. Mit ihrer Anerkennung ist die Grundlage für ein erfolgreiches Miteinander im späteren Mensch-Hund-Rudel gelegt.

Jamie, Laila und ich haben alle Hände voll zu tun, den wilden Haufen in Schach zu halten. Jamies und Lailas Position sind unangefochten. Ich beobachte immer wieder, dass die Welpen Jamies Lieblings-Quietschebär oder seine alte Kaustange unbeachtet liegen lassen. Mit Jamies konsequentem Verhalten der letzten Wochen hat sich seine Rolle als Leittier gefestigt. Die Welpen lecken seine Schnauze und werfen sich weiterhin auf den Rücken, wenn er sie in ihre Schranken weist. Auch Laila hat sich ihre Autorität gesichert. Ich mache mich ganz gut, bin aber nicht so anerkannt wie die beiden. Immer noch werde ich vehement von den Raufbolden gefordert und muss um meinen Platz im Rudel ringen.

***

Sumba, der die kleine Hundeschar beherrscht, ist der am weitesten entwickelte Welpe, und Samba scheint die Intelligenteste zu sein. Bei den Rangordnungsspielen, in denen es um Mut und seelische Stabilität geht, behaupten sie sich. Immer wieder suchen sich ein paar Welpen ein Opfer aus und versuchen, es mit viel Gebell, Schreien und Knurren einzuschüchtern – eine Mutprobe, die Sumba und Samba jedes Mal meisterhaft bestehen.

Im Garten beobachte ich Jamie, wie er unermüdlich seine Welpen auf die Welt draußen vorbereitet. Er fordert sie auf, ihn zu jagen und lässt sich am Ende von ihnen fangen. Von Tag zu Tag gestaltet er die Jagd schwieriger, er versteckt sich und lässt sich nicht mehr ohne Weiteres einkreisen. Die immer kräftiger werdende Hundeschar wird raffinierter. Durch die Jagdspiele begreifen sie, dass sie nur im Miteinander, in der Einheit der Gruppe, in der Lage sind, Jamie zu erwischen. Als das Spiel langweilig wird, weil die Kleinen ihren Vater schon nach zu kurzer Zeit fangen, beginnt Jamie mit einer nächsten Phase: Er unterbricht das Fangen mittendrin. Nach einigen Anläufen akzeptieren die Welpen, dass er es ist, der Beginn und das Ende des Spiels bestimmt.

Unglaublich, wie viel ich allein durch das Beobachten lernte. Endlich begreife ich, wie einfach und klar strukturiert Hunde agieren. Es ist nicht so, dass es mir in den Jahren des Hundetrainings nicht erzählt wurde, bestimmt hatte ich es auch in irgendeinem Hundebuch gelesen, aber jetzt erst sehe ich, was es bedeutet. Ich kann förmlich spüren, wie meine Zellen sich für diese Information öffnen und es endlich in mein Bewusstsein dringt, wie einfach es ist, Hunde zu führen.

Angespornt fordere nun auch ich im Spiel das gewünschte Verhalten ein. Belohnung und Streicheleinheiten bringen die Kleinen recht schnell dazu, zu gehorchen, sich unterzuordnen und meine Überlegenheit anzuerkennen. Diese gewaltfreie, liebevolle Autorität gibt ihnen Sicherheit und den Glauben daran, dass der Rudelführer Mensch ihr Überleben sichert.

***

Sechs Wochen sind seit der Geburt der neun Welpen vergangen und es ist an der Zeit, ihren Horizont über unseren Garten hinaus zu erweitern. Nacheinander hebe ich sie alle in den Kofferraum. Jamie und Laila springen auf die Rückbank. Zwei Minuten später parken wir am Feldrain und ich hebe alle Neun aus dem Kofferraum.

Für Januar ist es ungewöhnlich warm und die Wege sind trocken. Die kleine wuselige Hundemeute rennt den Weg zwischen lehmigen Feldern hinunter zur Wiese. Sie kriechen in jedes Gebüsch, laufen freudig auf die Menschen zu, die uns begegnen und begrüßten die Hunde, die wir treffen. Jedem sich uns nähernden Hund signalisiert Jamie schon von weitem, dass er aus ihnen Hackfleisch für seine Kleinen machen wird, wenn er auch nur einem Welpen gegenüber unfreundlich wäre. Laila achtet auf all ihre Bewegungen, auch sie würde zur Furie werden, wenn Gefahr drohte. Aber alle Hunde schnuppern nur an den Kleinen und gehen weiter. Schon nach einer halben Stunde sind Jamie und Laila erschöpft. Auf neun kleine Wesen gleichzeitig aufzupassen, scheint für sie anstrengender zu sein als ein Tagesausflug mit anschließendem Restaurantbesuch.

So schön es mit den Welpen auch ist, behalten kann ich sie auf keinen Fall. Ich habe den Eindruck, dass Jamie und Laila gerne Sumba und Samba in unser Rudel dauerhaft aufnehmen würden, doch vier Hunde zu haben, überschreitet bei Weitem meine Vorstellungskraft.

Schon allein beim dem Gedanken fühle ich mich überfordert. Also ignoriere ich Jamies und Lailas Wünsche. Ignorieren, dass habe ich mittlerweile gelernt, ist eine der deutlichsten Gesten. Das ist für mich nicht einfach, da ich mich gerne um meine Hunde und ihr Seelenwohl kümmere. Aber Ignorieren ist effektiv, tut Jamie und Laila nicht weh und wird von ihnen direkt verstanden. Man darf nur nicht schwanken. So eine Lücke in der Entschlossenheit würden sie sofort riechen. Und dann gäbe es nur endlose Diskussionen.

Die Prägungszeit, in der sich unsere Welpen an ihre neue Umgebung und ihre neue Familie anpassen, wird in wenigen Wochen beginnen. Es ist an der Zeit, loszulassen. Ich muss daran denken, sie rechtzeitig in gute Familien abzugeben. Weil es schwierig ist, neun Welpen in der nächsten Umgebung in gute Hände zu geben, biete ich die Welpen im Internet zum Verkauf an. Natürlich befinden sich unter den vielen Antworten auch einige, die ich schon im Vorfeld aussortieren kann. Da sind Singles, die voll berufstätig sind, oder auch Menschen, die meinen, mit einem Hund müsse man nur zweimal am Tag kurz vor die Tür gehen. Mit vielen Interessenten telefoniere ich und lasse mir ihre familiäre Situation und ihre sportlichen Neigungen erzählen. Nur diejenigen lade ich ein, die passen könnten. Doch am Ende will ich auf Jamies und Lailas Intuition vertrauen. Eine große Aufgabe steht beiden bevor. Ich weiß, sie werden wählerisch sein.

***

Nun sind die Welpen acht Wochen alt. Wenn es an der Tür klingelt, werden Jamie und Laila unruhig und rennen blitzschnell vor, um die Eindringlinge zu begutachten. Schon früher habe ich sofort gewusst, welche meiner Besucher er mag und welche nicht. Seine Körpersprache ist da ganz deutlich. Doch jetzt, da er sich um seine Welpen sorgt, geht Jamie einen Schritt weiter: Den ein oder anderen Interessenten lässt er gar nicht erst ins Haus. Er verbellt sie, während er mir ein Bild von ihrem unausgeglichenen Charakter schickt. Mittlerweile bin ich in der Lage, seine Bildgedanken zu deuten. Sie stimmen fast immer mit meinem eigenen ersten Eindruck überein. Die einen wollen einen Hund nur als emotionale Stütze in ihrem Leben. Andere sind auf der Suche nach jemandem, den sie herumkommandieren können. Mit solchen Vorstellungen können sie unmöglich eine Führungspersönlichkeit sein, so wie jeder Hund sie braucht und verdient hat.

Da ich Jamie und Laila versprochen habe, auf sie zu hören, bleibt mir keine Wahl. Solcher Besuch muss wieder gehen, ohne auch nur einen Blick auf die Welpen geworfen zu haben. Eine harte und unfreundliche Entscheidung, aber ich hatte die Interessenten vorgewarnt, bevor sie sich auf die lange Reise machten. Jamie ist nun einmal glasklar in seinem Urteil und fackelt nicht lange.

Denjenigen, die freundlich sind und in sich zu ruhen scheinen, gewährt Jamie Einlass. Aber er beobachtet mit Argusaugen, wie sie sich verhalten. Einmal lässt ein Mann das Glas Wasser fallen, das ich ihm gereicht hatte. Keine große Sache. Doch statt kurz eine Entschuldigung vorzubringen und vielleicht beim Aufwischen der Pfütze zu helfen, ereifert er sich, dass das Glas rutschig war, Etra ihn abgelenkt habe, der Tisch zu weit von ihm weg stand. Alles ist an dem kleinen Malheur schuld, nur er nicht. Jamie und ich schauen uns nur kurz an: So einem unsouveränen Menschen wollen wir keinen unserer Welpen anvertrauen.

***

Heute steht ein Ehepaar mit drei kleinen Kindern vor der Tür. Jamie lässt sie eintreten. Als sie auf der Couch sitzen, beäugen die Kleinen sie und auch Jamie und Laila beschnuppern sie eingehend, wägen das Für und Wider ab. Sie entscheiden sich, ihnen Tella an die Hand zu geben. Ich beobachtete ihre Entscheidung und wundere mich darüber, wie wohlüberlegt ihre Wahl ist. Tella ist verspielt und anschmiegsam, aber auch geduldig, wenn es im Spiel mal wilder zugeht. Vor allem aber kann sie nie genug Streicheleinheiten bekommen. Auch wenn sie zurückhaltend erscheint, ist sie auch mutig wie eine Löwin, wenn es darauf ankommt. Für die drei Kinder wird sie die perfekte Beschützerin sein.

Als Nächstes verabschieden wir uns von Balu. Jamie trägt ihn buchstäblich in den Schoß von Balus neuem Besitzer. Er ist ein Bär von einem Mann und gutherzig – genauso wie Balu. Die beiden sind wie für einander geschaffen. Dann steht wieder einmal ein Mann vor der Tür, den Jamie ums Verrecken nicht hineinlässt. Ob er ihn an seinen ersten Besitzer erinnert? Danach kommt eine Frau, ihre Worte passen nicht zu ihrer Körperhaltung. Irgendetwas stimmt nicht mit ihr. Ist sie unsicher, überschätzt sie sich? Egal was es ist, Jamies Entscheidung ist getroffen. Bei seinen Welpen gilt nur ein eindeutiges Ja und kein Vielleicht – er knurrt sie an und ich verabschiede mich von ihr. Für heute müssen wir keine Entscheidungen mehr treffen.

Auch der darauffolgende Tag verläuft ruhig. Dann überfallen uns fünf Familien fast gleichzeitig, obwohl ich feste Termine vergeben habe. Jamie schnappt nach Luft, aber er lässt alle hinein, ein gutes Zeichen. Mit Laila zusammen beobachten sie ihre Welpen im Kontakt mit den Fremden. Das erste Ehepaar mit einem zehnjährigen Jungen, tritt jung und dynamisch auf. Sie passen bestens zu Cariba. Etra rennt zu einer Familie mit fünf Kindern und will gar nicht mehr von ihnen weg. Jamie, Laila und ich sind mit seiner Wahl zufrieden.

Die anderen drei Familien bleiben vorerst ohne Hund, da weder einer unserer Kleinen noch wir uns entscheiden können. Nach drei Tagen wohlverdienter Ruhe belagern sie uns wieder und jetzt entschließen sich Laika und Salas, mit unserem Einverständnis. Die dritte Familie verlässt uns ohne Hund und kommt auch nicht mehr wieder.

Wenige Tage später steht eine Frau vor der Tür, für Jamie und Laila riecht sie bezaubernd. Sie macht einen leichtfüßigen, fröhlichen Eindruck, wie geschaffen für Sheva, die ihr Dasein manchmal etwas zu schwernimmt.

Ich beobachte Jamie und Laila in ihrer Auswahl und bin stolz, wie vertrauensvoll sie ihre Welpen den Menschen in die Hand geben. Ich trage auf meine Weise dazu bei, dass die Welpen sicher sind. Jeder, der einen unserer Schätze mitnehmen darf, muss einen Vertrag unterzeichnen. In ihm ist festgelegt, dass wir bei einer nicht artgerechten Behandlung den Hund zurückfordern können. Jamie hätte gerne noch die Passage hinzugefügt, dass er persönlich anwesend sein darf, wenn es nötig sein würde, einen Welpen wiederzuholen – ohne Maulkorb. Aber ich halte seinen Wunsch für maßlos übertrieben.

Nur Sumba und Samba sind uns geblieben. Viele unserer Besucher hätten sie liebend gerne mitgenommen, aber keiner scheint uns die Reife und die nötige Durchsetzungskraft zu haben, unseren beiden wesensstärksten Welpen gerecht zu werden. Und so tun wir uns schwer damit, sie gehen zu lassen. Würden wir Menschen finden, die im Stande sind, diese beiden Dickköpfe liebevoll und konsequent zu erziehen? Keinesfalls darf versucht werden, Sumba und Samba mit Gewalt zu beugen.

Jamie und Laila versuchen vehement, mich davon zu überzeugen, dass es zu fünft bei uns zu Hause fantastisch wäre. Aber meine Entscheidung ist längst gefällt. Und dann verlassen uns auch Sumba und Samba. Die Menschen, die sie zu sich nehmen, sind perfekt. Das müssen auch Jamie und Laila zugeben. Hätte ich ihnen ihren Wunsch erfüllen und Sumba und Samba behalten können? Nein. Ich traute es mir einfach nicht zu. Ich habe das Gefühl, dass sie es mir irgendwie übelnehmen. Aber das muss ich aushalten. Auch hier ist Konsequenz gefragt. Ich bin das Leittier. Und ich bin sicher, die richtige Entscheidung getroffen zu haben.

Alle Welpen sind nun gut versorgt. Ein großartiges Gefühl, vermischt mit Wehmut. Das Haus, der Garten … alles strahlt nun eine ungewohnte Leere aus. Aber dann holt uns unser Alltag wieder ein. Ich beginne wieder zu arbeiten und Jamie hält es für selbstverständlich, dabei sein zu dürfen. So bleibt einer der Hundekörbe in der Ecke meines Arbeitszimmers stehen. Den meisten meiner Patienten gefällt es, wenn Jamie und Laila leicht schnarchend in der Ecke liegen. Ich fühle mit meinen Händen, wie ungeheuer beruhigend die Anwesenheit meiner Hunde auf meine gestressten Patienten wirkt.

Wir sind wieder zu dritt. Gemeinsam genießen wir das ruhige Glück. Manchmal denke ich daran zurück, mit welchen Handicaps Jamie und Laila fertig werden mussten, bevor wir zueinander gefunden haben. Viel schlechter hätten ihre Startbedingungen nicht sein können. Und trotzdem haben sie es geschafft, ein gutes und erfülltes Leben zu haben.

Manchmal erreichen uns Bilder unserer Welpen, die so schnell groß werden. Sie alle haben ihren Platz gefunden. So wie Jamie und Laila ihren Platz bei mir gefunden haben. Wir haben alles, was wir brauchen. Wir haben uns. Wir sind einfach nur glücklich. Alles ist gut.

***

Und dann holt uns doch noch das Unglück ein. So ist das im Leben: Du denkst, alles ist im Lot, und glaubst, dein Glück für alle Zeit festhalten zu können. Genau in solchen Momenten kann alles um dich herum zusammenbrechen.

Bei einem unserer Spaziergänge kam ich auf die verheerende Idee, im Wald den Dummy zu werfen. Laila hechtete hinterher und blieb mit ihrem Vorderlauf an der Spitze eines auf dem Waldboden liegenden Astes hängen. Ein markerschütterndes Jaulen ließ Jamie und mich sofort zu ihr rennen. Ein Hautlappen so groß wie mein Handteller hing an ihrem Vorderlauf herunter, nur noch durch ein schmales Stück Haut gehalten. Muskeln und Sehnen lagen bloß. Ich war geschockt, doch meine Instinkte funktionierten noch. Ich klappte den Hautfetzen nach oben und verband notdürftig die Wunde. Der Schock schien Lailas Schmerzen zu lindern. Humpelnd lief sie mit uns zum Wagen, während ich die Tierärztin anrief. Durch meine Tränen konnte ich kaum ihre Nummer im Display erkennen.

Zum Glück ließ sich der Hautlappen wieder annähen. Doch ihren in einem monströsen Verband steckenden Vorderlauf hielt Laila steif nach vorne gestreckt. Es sah aus, als ob ihr Bein zu jemand anderen gehörte. Viele Tage lang musste ich sie die Treppen hinauf- und hinuntertragen. Dann konnte sie wieder im Garten umherstaksen. Jamie nahmen morgens und nachmittags Freunde mit zum Spazieren, während ich bei Laila blieb. Er ging gerne mit unseren Freunden mit, aber er war auch verunsichert. Er wurde immer nervöser und sein Darm spielte wieder verrückt. Als er bei einem unser Grillfeste eine Schüssel mit Tomaten, Zwiebeln und Mozzarella erwischte und sich zum Nachtisch noch schnell einen Happs vom Spundekäse gönnte, war es wieder so wie in den ersten Jahren, als er zu mir gekommen war. Nachdem er mich dreimal in der Nacht geweckt hatte, ließ ich einfach die Tür zum Garten offen stehen. Nach ein paar Tagen und dank seines homöopathischen Mittels stabilisierte sich sein Gesundheitszustand wieder. Aber er blieb anfällig.

***

Ein Unglück kommt selten allein. Kaum hatten wir uns von den Strapazen von Lailas Unglück erholt, verletzte sich Jamie. Bei einem ausgelassenen Fangenspiel mit Laila rammte er sich einen zu einer Speerspitze gefrorenen Ast in seinen Hinterlauf. Wieder war eine Not-Operation angesagt. Doch unsere Tierärztin wurde an jenem Tag von einem Tierarzt vertreten, den ich noch nicht kannte.

Er machte mir fachlich einen guten Eindruck, doch er verstand seinen Beruf wohl mehr als reines Handwerk, an Einfühlung ließ er es fehlen. Ruck-Zuck lag Jamie auf der kalten Edelstahlplatte und schon fing der Arzt an, seine offene Wunde zu tackern. Ohne Betäubung. Jamie jaulte und sprang fast vom Behandlungstisch. Gemeinsam mit einer Tierarzthelferin musste ich ihn festhalten, bis die Prozedur beendet war.

Von diesem Zeitpunkt an schien Jamie sich regelrecht vor mir zu fürchten. Wenn ich ihn rief, starrte er mich mit weit aufgerissenen Augen an und blieb steif stehen, wo er war. Saß ich am Boden, war er sonst immer zu mir gekommen und drehte sich wohlig auf den Rücken, damit ich seinen Bauch und seinen Brustkorb massieren konnte. Nun drückte er sich in den Ecken herum und vermied jeden Blickkontakt. Mit ansehen zu müssen, wie Jamie den Glauben an mich verloren hatte, tat unglaublich weh!

Jamie wurde mir fremd. Mit seiner Traumatisierung kamen unweigerlich auch all die längst vergessenen Krankheiten wieder zutage. Es gab kaum eine Nacht, in der er mich nicht weckte, damit ich ihn in den Garten ließ. Tagsüber musste ich manchmal meine Behandlungen unterbrechen und mit ihm eine Runde laufen, da er sich mal wieder in einen Juckanfall hineingesteigert hatte. Ich konnte zusehen, wie Jamie weniger wurde – trotz gesteigerter Futterration von zwei Kilo Fleisch mit Kartoffeln und Zucchini pro Tag. Sein homöopathisches Konstitutionsmitteln bekam er in immer kürzeren Abständen. Auch ein von der Tierärztin verschriebenes Bauchspeicheldrüsenenzym, das seine Nahrung besser aufschlüsseln sollte, half nicht. Besuch bekamen wir immer seltener, oft musste ich kurzfristig absagen, um ihn zu schonen. Denn nur in trauter Dreisamkeit kam er zur Ruhe.

Auch von Laila ließ Jamie sich nicht trösten. Sie wusste gar nicht, wie ihr geschah. Sie tat das, was alle Hunde tun: Sie nutzte Jamies Schwäche aus und übernahm die Führung im Hunderudel. Wenn ein Hund nicht mehr voll leistungsfähig ist, führt das unweigerlich dazu, dass er im Rang absteigt. Jamie fügte sich ohne Murren in sein Schicksal.

***

Es war eine schreckliche Zeit. Nicht nur Jamie, auch ich war bald am Ende meiner Kräfte angelangt. Erst nach einem halben Jahr fasste er langsam wieder Vertrauen zu mir, doch ganz der Alte ist er nicht mehr geworden.

Ich reime es mir so zusammen: Als junger Hund durfte er kein Vertrauen ausbilden. Ganz im Gegenteil, er musste immer wieder um sein Leben fürchten. Niemand stand ihm bei seinem Kampf ums Überleben zur Seite. Deshalb hatte es so lange gedauert, bis er und ich zu einem Team zusammengewachsen waren. Und umso schöner war es zu sehen, wie Jamie aufblühte, als er endlich gelernt hatte, dass er mir vertrauen kann. Ich hatte gedacht, die Lebenswunde in ihm wäre vollständig verheilt. Doch wie sich zeigte, genügte die unglückliche Situation beim Tierarzt, das Misstrauen gegenüber der Welt wieder hervorbrechen zu lassen.

Tausendmal verfluchte ich meine Feigheit dem Tierarzt gegenüber. Ich hätte Jamie beschützen müssen, dem Arzt besser erklären müssen, dass es sich um einen traumatisierten Hund handelt. Doch es war alles so schnell gegangen. Immer wieder durchlebte ich die Situation, in der ich Jamie mit aller Gewalt festhielt und der Tierarzt ihm Schmerzen zufügte.

***

Und dann kam der schlimmste Tag unseres gemeinsamen Lebens. Jamie hatte erst seit kurzer Zeit wieder Anschluss an sein altes Leben mit Laila und mir gefunden. Es war der Morgen nach der ersten Nacht seit sieben Monaten, in der Jamie mich nicht geweckt hatte, um in den Garten gelassen zu werden. Doch mein Moment der Freude war kurz. Jamie stand vor meinem Bett und ich sah in seine vor Panik geweiteten Pupillen. Als nächstes fiel mein Blick auf Lailas steifen, leblosen Körper. So still und zurückhaltend, wie sie immer gewesen war, war sie in der Nacht von uns gegangen. Ohne Vorwarnung, ohne Abschied, und doch ganz nah bei uns.

Wie ein Film lief der gestrige Tag vor mir ab. Es war ein Tag wie jeder andere gewesen, oder? Laila und Jamie lagen in der Hollywoodschaukel, die an einer sonnigen Ecke der Terrasse steht, um dann wieder in den Schatten unter dem Bambus-Pavillon im Garten zu ziehen. Sie streckten sich auf der Beach-Lounge aus und ließen mir nur eine kleine Ecke zum Sitzen übrig. Ab und zu wälzte sich einer von beiden auf dem Rasen, streckte alle Viere von sich und jauchzte. Dann leckte Laila Jamies Fell. Ein Bild voller Glück und Leben, kein Anzeichen von Schwäche oder Krankheit. Und ein paar Stunden später schauen Jamie und ich auf Lailas ausgestreckten, schon etwas steifen Körper.

Jetzt lag Jamie in seiner Ecke auf der Couch und starrte mich mit weit aufgerissenen Augen an. Sie drückten

Verzweiflung und Hilflosigkeit aus. Ich weiß nicht mehr, wie wir die folgenden Tage überstanden. Unsere Trauer wuchs, ebbte ab, um uns dann wie ein tosendes Meer wieder zu überfluten. Kaum eine Stunde verging, in der sich der Schmerz nicht seinen Weg nach außen suchte. Nachts fand ich kaum in den Schlaf oder erwachte aus schweißtreibenden Träumen.

Nach fünf Tagen verweigerte Jamie sein Fressen. Er hatte keinen Lebenswillen mehr. Wochen saß ich neben ihm, lag neben ihm, hielt ihn, wenn er zitterte, streichelte ihn, wenn er brummte. Kühlte seine geschwollenen Läufe und versuchte immer wieder, ihn zum Fressen zu bewegen. Kein Antibiotikum, kein Cortison brachte ihn von seiner Sehnsucht nach Laila ab. Nach zwei Monaten, fünf Tagen und drei endlosen Stunden war ich endlich so weit und konnte ihm seinen Wunsch erfüllen.

Ich brachte Jamie zum Einschläfern. Er starb in meinen Armen.

***

Die Schneelawine in mir ergreift jeden Raum, jede Ecke, macht keinen Halt vor Garten und Wagen, kommt erst an den Wiesen und Wäldern zum Stehen. Hier an den Orten, an denen Jamie, Laila und ich einmal unbeschwert durch die Stille der Landschaft liefen, finde ich manchmal Ruhe. Ich habe mich immer für mutig und zupackend gehalten. Nichts hat mich umwerfen können. Ein Leben lang stand ich mit beiden Beinen fest auf dem Boden. Doch jetzt fühlt es sich so an, als hätte mein Lebensfundament Risse bekommen – der Stein ist verwittert. Auf einmal ist da nur noch Raum für Trauer und Erinnerungen.

Ich habe nie einen Hund haben wollen. Bis Jamie kam. Und Laila. Mit ihnen erfuhr mein Leben auf wundersame Weise eine Tiefe, die ich nicht für möglich gehalten habe. Jamie und Laila haben mich bereichert, herausgefordert und geprägt. Ich danke ihnen für das freudige morgendliche Erwachen, das Jauchzen, Schubbern, Springen und Hopsen und für ihre feuchten, warmen Nasen, mit denen sie mich gestupst haben. So unerwartet, wie sie einst gekommen waren, sind sie gegangen. Ich danke ihnen für eine unvergessliche Zeit.

Es ist, als könne ich mich ganz klar von außen sehen. Ich weiß, dass ich aus dieser Trauerphase herausfinden muss. Ich weiß auch, dass irgendwann ein neuer Lebensabschnitt beginnen wird. Aber diese Trauer will durchlebt werden. Dann erst ist wieder Platz für Neues. Auch in dieser Lebenssituation erweisen sich Jamie und Laila als großartige Lehrmeister. So wie sie ihre Welpen losgelassen haben, weil dies nun mal der Lauf der Dinge ist, muss auch ich loslassen. Noch bin ich verloren in trübsinnigen Gedanken. Und doch erkenne ich bereits den kleinen Funken Licht am Ende jenes Weges, für den ich noch nicht bereit bin. Zaghaft breitet die Helligkeit sich aus, wird stärker, leuchtender, bringt das Erwachen aus den Tiefen des Leids. Es erweckt mich zum Leben – mit all seinen Facetten.

***

Laila starb in der Nacht vom siebenten auf den achten September 2014 an Herzversagen, kurz vor ihrem neunten Lebensjahr. Jamie starb am Abend des dreizehnten Novembers desselben Jahres. Er wurde zehn Jahre und sieben Monate alt.

Epilog
Nala

Fast ein Jahr lang weigerte ich mich strikt, eine neue Hundeseele aufzunehmen. Ich hatte nicht den Mut, noch einmal verlassen zu werden. Aber will ich mir ein Leben ohne Höhen und Tiefen vorstellen? Es wäre ein Leben, in dem die Gefühle taub sind, in eine der vielen Ecken gedrängt und auf Erlösung wartend. Eine Welt ohne Farbe, ohne den Reiz von Schattierung und tief empfundenen Gefühlen wäre keine Welt, in der ich leben wollte. Immer noch durchbohrt der Verlust wie messerscharfe Eissplitter meine Haut, gleitet wie unter einer Eisdecke stumm dahin. Doch ich will wieder ein ganzes Leben führen, kein halbes.

Ich sitze auf meiner Terrasse und schaue in den Garten, wo eine kleine Hundeseele über die Wiese hopst und Gestalt annimmt. Am 11. Oktober 2015 zog Nala, eine zehn Wochen alte Rhodesian-Ridgeback-Hündin, bei mir ein. Nala heißt auf Suaheli „Geschenk".

Es ist ein Geschenk, das ich unmöglich ablehnen konnte.